シリーズ
今日から
福祉職

# 押さえておきたい
# 障害者福祉・精神保健福祉

［編著］

小板橋恵美子　　　　吉田浩滋
東邦大学健康科学部看護学科教授　　　元鎌ケ谷市障がい福祉課長

ぎょうせい

# はじめに

　これまで障害者や障害児と関わった経験がある方は多いと思います。同じクラスだったとまではいかなくても小学校に特殊学級があったとか、高校や大学の同級生、親戚に障害のある方がいたという方が少なからずいらっしゃるのではないでしょうか。行政職員として障害のある住民の方々と関わることになって、友人や親戚とは違う障害や生活スタイルなど、とても多様であり、対応に迷うこともあると思います。障害福祉関係部署では、福祉六法をはじめ自治体が発行している障害福祉サービスの冊子などを手に、日々の業務を行うことになりますが、本書は、はじめて障害福祉関係部署に配属になった方々が、その日常業務のイメージを持つことができ、基本的な用語や事柄を学ぶことのできる、いわば「職場の先輩」を目指しました。執筆者のそれぞれの知見や行政での経験をもとに、新人時代に知りたかったことやソーシャルワーカーとして行政職員に知っておいていただきたいこと、実際に展開される業務のことを中心にまとめました。

　また、大きく身体障害と精神障害に分けて著しましたが、それぞれ重なることも多く、通常は一つの小項目は1人の執筆者が担当しますが、本書では複数の執筆者で構成することになりました。その結果読み物としても手に取りやすい形になったのではないかと自負しています。そして、本書ではサービスの受け手が行政に何を望んでいるのかについての原稿をいただくことができました。コラム「市区町村の窓口対応にお願いしたいこと」は是非ご一読ください。住民の立場に立って考えてみるなど、常に意識して業務にあたっていただいていると思いますが、改めてその大切さも感じられると思います。

　本書が行政職員の皆さまの「職場の先輩」として活用され、障害福

祉関連部署での1年が過ぎたときには、一応確認のために聞いてみようかな、あの人はどのように対応するだろうかといった「職場の同僚」となっていたとしたら、執筆者一同望外の喜びです。

執筆者を代表して

小板橋恵美子

# 目　　次

# 第2章 障害福祉・精神保健福祉担当のシゴト

# 第3章　知っておくべき根拠法令と用語の解説

## Column

# 第 **1** 章

## 障害福祉とは

# 1　障害福祉制度の概要・意義

　我が国では、地域共生の理念のもとで、障害者が地域で支援を受けながら自らの望む生活ができることをめざして制度が設計されています。そして、法律に基づく障害児・者に対する福祉サービスは主として市町村が取り扱っています。現在の障害者福祉は、障害者総合支援法により規定されていますが、障害児に関しては児童福祉法で規定されているものもあります。かつては身体障害、知的障害など障害種別により基本法が制定・施行され、相談窓口も分かれていましたが、現在は一元化されています。窓口が一つになったことは相談者（住民）にとって利便性が向上したと言えますが、相談に応じる職員には幅広い知識が求められています。なお、難病や小児慢性特定疾患の医療費給付や相談に関しては保健所が窓口となっています。

　現在の障害者福祉制度では、その対象は身体障害者、知的障害者、精神障害者、難病患者であり、障害区分認定に基づいて種々のサービスが利用できるようになっています。障害者総合支援法によるサービスは、自立支援給付と地域生活支援事業で構成されています(図1-1。サービスの詳細は第1章2参照)。これら公的なサービスを利用するには手帳が交付されていることが要件となっており、それぞれ身体障害者手帳（身体障害児・者）、療育手帳（知的障害児・者）、精神障害者保健福祉手帳があります。

　障害者福祉制度は、障害児・者の生活を保障するために税金が使われていますが、これは憲法第25条のいわゆる「生存権」を保障するためです。疾病や事故等で生活が不安定になった場合には、保険や公的負担により最低限度の生活を国が保障するという考えに基づくもので

図1-1 障害総合支援法による総合支援

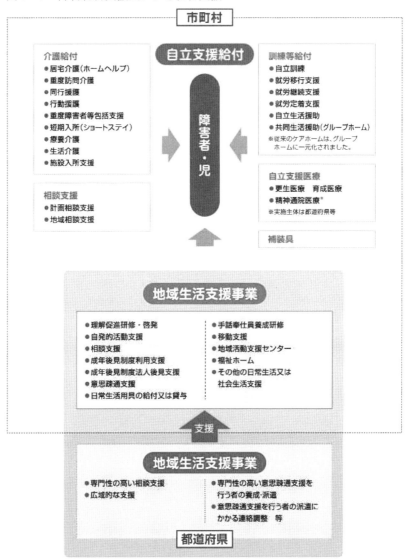

出典：社会福祉法人全国社会福祉協議会「障害福祉サービスの利用について（2018年4月版）」

あり、障害のない人にとっても人生におけるリスクへの対応策があることでの安心につながる大事な制度です。国民が等しく受けられる制度でありながらも、制度そのものや相談窓口を知らなければ利用申請はできません。また、公的サービスを使って生活することに罪悪感を覚え、利用申請をためらう人もいます。生活が破綻したり、生命の危機が生じたりする前に制度を使って立て直しを図るためにも、窓口となる行政職員の皆さんには制度を利用するのは国民としての権利であることを伝えてほしいと思います。

　なお、疾患やけがなどを治療した医療機関の職員が福祉制度を熟知しているとは限りません。退院時に制度や窓口の案内がなされないケースや、なされたとしても、患者・家族が窓口を訪ねたか、利用申請したかの確認まではなされないケースもありますので、医療費給付の申請などで来所した機会を活用して、積極的にアプローチしてください。

　障害児・者の支援の多くは長期間にわたるものであり、特に制度の変更時や担当職員の異動時には、ご本人・ご家族に十分な情報が提供されているか、不利益が生じないようご本人の状況の引き継ぎがなされたのかということも確認するようにしてください。

# 2 障害福祉の基礎知識

## （1）障害者（障害者手帳制度）

　「障害者」と聞いてあなたはどのような人たちを思い浮かべますか？

　障害者基本法の第2条には、障害者を「身体障害、知的障害、精神障害（発達障害を含む。）その他の心身の機能の障害がある者であって、障害及び社会的障壁により継続的に日常生活又は社会生活に相当な制限を受ける状態にあるもの」と定義されています。この3つの障害者のうち、身体障害者と精神障害者については、身体障害者福祉法と精神保健及び精神障害者福祉に関する法律でその定義がなされ、障害者手帳についても規定されています。知的障害者については、法律には定義はないものの、手帳制度が導入されています。

　障害者は、申請などの手続を経て、その障害を持つ本人であることの証明となる障害者手帳を取得することができます。そして、その障害者手帳に記載されている障害の種類と程度（等級）に応じて、様々な福祉サービスが利用できるようになります。

　障害福祉サービスのうち自立支援給付はどの自治体であっても基本的に内容は同じですが、地域の実情に応じて提供されることを基本とする地域生活支援事業は各自治体により違いがあります。また、生活や就労のために必要なサービスのほか、障害者手帳の等級などに応じて経済的な支援が受けられます。それが医療費の自己負担分を助成する医療費助成制度、特別障害者手当など各種手当、障害年金などです。こうした支援を受けるには、障害者手帳の種別や等級のほか、所得による制限が設けられています。そのほか、公共交通機関の利用料金や

ＮＨＫ受信料、有料道路利用料金の割引、税金の控除など様々な支援制度があります。

　こうした支援の窓口は、主に市区町村の障害者福祉の担当課で案内を行うこととなります。

　障害者手帳は、身体障害者手帳、療育手帳、精神障害者保健福祉手帳の３種の手帳を総称したものです。それぞれの手帳制度の根拠となる法律等は異なっていますが、どの手帳であっても持っていれば、障害者総合支援法に定められた障害福祉サービス等を利用することができます。また、東京都の「愛の手帳」のように自治体によって手帳の名称が違う場合がありますが、これは国の制度の適用を受けるので療育手帳と同等のものだと考えて差し支えありません。

## ア　障害者手帳の概要

　障害者手帳の概要は以下の表のとおりです。

| | 身体障害者手帳 | 療育手帳 | 精神障害者保健福祉手帳 |
|---|---|---|---|
| 根拠 | 身体障害者福祉法 | 療育手帳制度について（厚生事務次官通知） | 精神保健及び精神障害者福祉に関する法律 |
| 交付主体 | 都道府県知事<br>指定市の市長<br>中核市の市長 | 都道府県知事<br>指定市の市長 | 都道府県知事<br>指定市の市長 |
| 障害分類 | ・視覚障害<br>・聴覚・平衡機能障害<br>・音声・言語・そしゃく障害<br>・肢体不自由（上肢不自由、下肢不自由、体幹機能障害、脳原性運動機能障害）<br>・心臓機能障害 | 知的障害 | ・統合失調症<br>・気分（感情）障害<br>・非定型精神病<br>・てんかん<br>・中毒精神病<br>・器質性精神障害（高次脳機 |

| | | | |
|---|---|---|---|
| | ・じん臓機能障害<br>・呼吸器機能障害<br>・ぼうこう・直腸機能障害<br>・小腸機能障害<br>・HIV免疫機能障害<br>・肝臓機能障害 | | 能障害を含む)<br>・発達障害<br>・その他の精神疾患 |
| 所持者 | 4,977,249人<br>(令和2年度福祉行政報告例) | 1,178,917人<br>(令和2年度福祉行政報告例) | 1,180,269人<br>(令和2年度衛生行政報告例) |

## イ　障害者手帳を持つ人向けのサービス

### ①料金の割引や医療費の助成

　自治体や事業者により内容が異なりますが、公共料金や公立施設の料金の割引や助成制度が用意されています。具体的には、心身障害者医療費助成制度などの医療費の助成やNHK受信料や上下水道料金、公共交通機関の運賃などの公共料金の割引などです。また、身体障害者手帳を持っている場合は、補装具にかかる費用の助成もあります。

### ②障害者雇用枠

　障害のある人向けの雇用枠で就職、転職ができ、体調などへの配慮を受けながら働くことができます。

### ③税金の優遇

　所得税や住民税、相続税、贈与税といった国税で優遇されます。また、自動車税や軽自動車税も割引や免除となる場合がありますが、これらは地方税なので、各都道府県や市区町村がそれぞれで制度を実施しているため、住んでいる自治体によって減免される金額が違います。

### ④その他の支援

　1976（昭和51）年からは郵便はがきの無料配布（1人20枚）が行われていて、郵政民営化以降も続けられています。

## ウ　身体障害者手帳

　身体の機能に一定以上の障害があると認められた人に交付されます。しかし、障害が永続することを前提とした制度として始まったことから、障害の原因となった病気の発症日から6か月経過するか、主治医から障害が固定したとみなされないと交付されません。疾病の治療に伴う一時的な障害のように永続しないと考えられる場合については認められないこともありますが、障害が一定以上の状態で固定していれば、18歳未満であっても、65歳以上であっても申請して、交付を受けることができます。発達途上にある乳幼児は、おおよそ3歳以上であれば対象になりますが、障害の状態が軽減されるなどの変化が予想される場合は、手帳の交付から一定期間を置いた後、再認定を実施することがあります。四肢欠損や難聴等のように永続性が明確な障害がある場合は、3歳未満でも対象となります。

　障害があると認められる一定以上の状態や、等級ごとの障害の状態は、身体障害者福祉法施行規則別表第5号「身体障害者程度等級表」に詳細が示されています。

## エ　療育手帳

　療育手帳は、知的障害児・者が様々な支援を受けやすくするため、児童相談所又は知的障害者更生相談所において知的障害と判定された者に対して、都道府県知事又は指定都市市長が交付しています。

　対象者が18歳未満の場合は児童相談所が、18歳以上であれば知的障害者更生相談所が判定を行います。

　障害の程度及び判定基準は、重度（A）とそれ以外（B）に区分されています。

［重度（A）の基準］

以下の①、②のいずれかに該当するもの

① 知能指数（IQ）が概ね35以下であって、次のいずれかに該当する者

・食事、着脱衣、排便及び洗面等日常生活の介助を必要とする。

・異食、興奮などの問題行動を有する。

② 知能指数（IQ）が概ね50以下であって、盲、ろうあ、肢体不自由等を有する者

［それ以外（B）の基準］

重度（A）のもの以外

18歳を過ぎてから療育手帳を新規に申請し交付を受けることは可能です。ただし、以下の1〜3条件をすべて満たす場合に限られます。

1 概ね18歳以前に知的障害が認められ、それが持続している

2 標準化された知能検査によって測定された知能指数（IQ）が75以下

3 日常生活に支障が生じるため、医療・福祉・教育・就職等の面で特別な援助を必要とする状態にある

なお、知的障害という状態が18歳以前にあったことを示すためには以下のような資料も必要になります。

1 成績証明書（小学校4年生及び中学校2年生時のもの）

2 特殊学級、又は知的障害者を対象とした養護学校の在籍証明書

3 担任教師、民生委員等18歳以前の本人を知る「第三者」が、本人の学業の遅れの程度等について記述したもの（様式は任意。家族による申立ては不可）

　このような18歳を過ぎて療育手帳を申請する場合は児童相談所ではなく、知的障害者更生相談所が判定を行うことになっています。申請書類を提出するのは、18歳未満のときと同様に市区町村の障害福祉担当課で、申請書を受け取った障害福祉担当課が、申請者が18歳以上の場合は、その市区町村を管轄する知的障害者更生相談所に「進達」することになります。郵便等で送りますが、制度上では「進達」という言葉を使っています。

　今は、この「更生相談所」という名称を使わずに他の名称にしている都道府県もありますので、「更生相談所」の機能はどこにあるのかを確認しておくことをお勧めします。例えば、千葉県では「身体障害者更生相談所」と「知的障害者更生相談所」の機能を「障害者相談センター」に集約しています。

## オ　精神障害者保健福祉手帳

　精神障害者保健福祉手帳は、1995（平成7）年、精神保健法が精神保健福祉法に改正されたときに創設されました。なんらかの精神疾患によって一定程度の精神障害の状態にあって長期にわたり日常生活や社会生活に制約があり、その期間が初診日から6か月以上たっている人に交付されます。精神保健福祉手帳の等級は1級～3級まであり、この手帳を持つことで、障害福祉サービスのほかにも様々な支援が受けられます。身体障害者手帳や療育手帳と違い、精神障害者保健福祉手帳の有効期間は2年間となっていますので、有効期間の延長を希望するときは、2年ごとに更新が必要になります。

　知的障害と精神障害の両方がある場合は、療育手帳と精神障害者保健福祉手帳の二つが交付されることもあります。発達障害のある人については、知的な遅れがない場合は「精神障害者保健福祉手帳」が取

得でき、知的に遅れがある場合は「療育手帳」が取得できます。吃音
は発達障害者支援法が定義する発達障害に含まれることから、精神障
害保健福祉手帳が取得できます。家族以外の人との音声による意志疎
通が困難なほどの吃音の場合は、言語障害4級で身体障害者手帳を取
得している例もあります。

## 💬 （2）障害者総合支援法によるサービス

　障害者総合支援法（障害者の日常生活及び社会生活を総合的に支援
するための法律）は、その前身である障害者自立支援法の改正法とし
て2013（平成25）年に施行されました。障害のある人もない人も住み
なれた地域で生活するために、日常生活や社会生活を総合的に支援す
ることを目的としています。

　この法律に基づくサービスの利用対象者は以下のとおりです。

| | |
|---|---|
| 身体障害者 | 身体に障害がある18歳以上の人で、身体障害者手帳の交付を受けている人 |
| 知的障害者 | 知的障害者福祉法にいう知的障害者のうち18歳以上の人 |
| 精神障害者 | 統合失調症、精神作用物質による急性中毒、又はその依存症、知的障害、精神病質などの精神疾患を持つ人（知的障害は除く） |
| 発達障害者 | 発達障害があるため、日常生活や社会生活に制限がある18歳以上の人 |
| 難病患者 | 難病等があり、症状の変化などにより身体障害者手帳は取得できないが、一定の障害がある18歳以上の人 |
| 障害児 | 身体障害、知的障害、発達障害を含んだ精神障害がある児童、又は難病等があり、一定の障害がある児童 |

　障害者総合支援法で受けられる自立支援給付には障害福祉サービス

（相談支援・介護給付・訓練等給付）、自立支援医療（更生医療・育成医療・精神通院医療）、補装具という大きく3つのサービスがあります。さらに、都道府県や市区町村の創意工夫により柔軟にサービスを行う地域生活支援事業があります。

　なお、障害児にかかるサービスは、児童福祉法に位置付けられています。

図1-2　障害者総合支援法の給付・事業

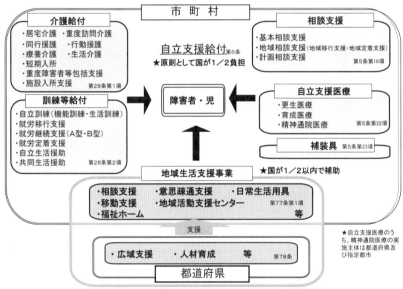

出典：厚生労働省HP「障害者総合支援法の給付・事業」

## （3）障害福祉サービス（相談支援・介護給付・訓練等給付）

　相談支援とは、障害のある人の福祉に関する様々な相談に応じ、必要な情報の提供、障害福祉サービスの利用の支援等を行うものです。

　介護給付とは、障害があることで必要となる介護・介助サービス費用の一部を給付するものです。

　訓練等給付とは、就労に向けた訓練や福祉的な就労、安定した就労を支援するサービスのほか、グループホームなどの費用の一部を給付するものです。

　障害児を支援するサービスは、都道府県における「障害児入所支援」と市区町村における「障害児通所支援」に大別されます。このほか、一部、障害者支援法に基づくサービスを利用することもできます。

　障害福祉サービス等の体系については、図1-3、1-4を確認ください。

図1-3　障害福祉サービス等の体系①（介護給付・訓練等給付）

| | サービス名 | | |
|---|---|---|---|
| **介護給付** | | | |
| 訪問系 | 居宅介護（ホームヘルプ）●者●児 | 自宅で、入浴、排せつ、食事の介護を行う | |
| | 重度訪問介護 ●者 | 重度の肢体不自由者又は重度の知的障害若しくは精神障害により行動上著しい困難を有する者であって常に介護を必要とする人に、自宅で、入浴、排せつ、食事の介護、外出時における移動支援、入院時の支援等を総合的に行う | |
| | 同行援護 ●者●児 | 視覚障害により、移動に著しい困難を有する人が外出する時、必要な情報提供や介護を行う | |
| | 行動援護 ●者●児 | 自己判断能力が制限されている人が行動するときに、危険を回避するために必要な支援、外出支援を行う | |
| | 重度障害者等包括支援 ●者●児 | 介護の必要性がとても高い人に、居宅介護等複数のサービスを包括的に行う | |
| 日中活動系 | 短期入所（ショートステイ）●者●児 | 自宅で介護する人が病気の場合などに、短期間、夜間も含め施設で、入浴、排せつ、食事の介護を行う | |
| | 療養介護 ●者 | 医療と常時介護を必要とする人に、医療機関で機能訓練、療養上の管理、看護、介護及び日常生活の世話を行う | |
| | 生活介護 ●者 | 常に介護を必要とする人に、昼間、入浴、排せつ、食事の介護等を行うとともに、創作的活動又は生産活動の機会を提供する | |
| 施設系 | 施設入所支援 ●者 | 施設に入所する人に、夜間や休日、入浴、排せつ、食事の介護を行う | |
| **訓練等給付** | | | |
| 居住支援系 | 自立生活援助 ●者 | 一人暮らしに必要な理解力・生活力等を補うため、定期的な居宅訪問や随時の対応により必要な支援を行う | |
| | 共同生活援助（グループホーム）●者 | 夜間や休日、共同生活を行う住居で、相談、入浴、排せつ、食事の介護、日常生活上の援助を行う | |
| 訓練系・就労系 | 自立訓練（機能訓練）●者 | 自立した日常生活又は社会生活ができるよう、一定期間、身体機能の維持、向上のために必要な訓練を行う | |
| | 自立訓練（生活訓練）●者 | 自立した日常生活又は社会生活ができるよう、一定期間、生活能力の維持、向上のために必要な支援、訓練を行う | |
| | 就労移行支援 ●者 | 一般企業等への就労を希望する人に、一定期間、就労に必要な知識及び能力の向上のために必要な訓練を行う | |
| | 就労継続支援（A型）●者 | 一般企業等での就労が困難な人に、雇用して就労する機会を提供するとともに、能力等の向上のために必要な訓練を行う | |
| | 就労継続支援（B型）●者 | 一般企業等での就労が困難な人に、就労する機会を提供するとともに、能力等の向上のために必要な訓練を行う | |
| | 就労定着支援 ●者 | 一般就労に移行した人に、就労に伴う生活面の課題に対応するための支援を行う | |

（注）表中の ●者 は「障害者」、●児 は「障害児」で、利用できる（障害児）で、利用できるサービスパターンを付している。

出典：厚生労働省HP「障害者総合支援法の給付・事業」

図１－４　障害福祉サービス等の体系②（障害児支援、相談支援に係る給付）

※　障害児支援は、個別に利用の要否を判断（支援区分を認定する仕組みとなっていない）
※　相談支援は、支援区分によらず利用の要否を判断（支援区分を利用要件としていない）

| | サービス名 | | | |
|---|---|---|---|---|
| 障害児通所系 | 児童発達支援 | 児 | 日常生活における基本的な動作の指導、知識技能の付与、集団生活への適応訓練などの支援を行う | 障害児支援に係る給付 |
| 障害児通所系 | 医療型児童発達支援 | 児 | 日常生活における基本的な動作の指導、知識技能の付与、集団生活への適応訓練などの支援及び治療を行う | 障害児支援に係る給付 |
| 障害児通所系 | 放課後等デイサービス | 児 | 授業の終了後又は休校日に、児童発達支援センター等の施設に通わせ、生活能力向上のための必要な訓練、社会との交流促進などの支援を行う | 障害児支援に係る給付 |
| 障害児訪問系 | 居宅訪問型発達支援 | 児 | **重度の障害等により外出が著しく困難な障害児の居宅を訪問して発達支援を行う** | 障害児支援に係る給付 |
| 障害児訪問系 | 保育所等訪問支援 | 児 | 保育所、乳児院・児童養護施設等を訪問し、障害児に対して、障害児以外の児童との集団生活への適応のための専門的な支援などを行う | 障害児支援に係る給付 |
| 障害児入所系 | 福祉型障害児入所施設 | 児 | 施設に入所している障害児に対して、保護、日常生活の指導及び知識技能の付与を行う | 障害児支援に係る給付 |
| 障害児入所系 | 医療型障害児入所施設 | 児 | 施設に入所又は指定医療機関に入院している障害児に対して、保護、日常生活の指導及び知識技能の付与並びに治療を行う | 障害児支援に係る給付 |
| 相談支援系 | 計画相談支援 | 者 児 | 【サービス利用支援】<br>・サービス申請に係る支給決定前にサービス等利用計画案を作成<br>・支給決定後、事業者等と連絡調整等を行い、サービス等利用計画を作成【継続利用支援】<br>・サービス等の利用状況等の検証（モニタリング）<br>・事業所等と連絡調整、必要に応じて新たな支給決定等に係る申請の勧奨 | 相談支援に係る給付 |
| 相談支援系 | 障害児相談支援 | 児 | 【障害児利用援助】<br>・障害児通所支援の申請に係る給付決定の前に利用計画案を作成<br>・給付決定後、事業者等と連絡調整等を行うとともに利用計画を作成<br>【継続障害児支援利用援助】 | 相談支援に係る給付 |
| 相談支援系 | 地域移行支援 | 者 | 住居の確保等、地域での生活に移行するための活動に関する相談、各障害福祉サービス事業所への同行支援等を行う | 相談支援に係る給付 |
| 相談支援系 | 地域定着支援 | 者 | 常時、連絡体制を確保し障害の特性に起因して生じた緊急事態等における相談、障害福祉サービス事業所等と連絡調整など、緊急時の各種支援を行う | 相談支援に係る給付 |

（注）表中の「者」は「障害者」、「児」は「障害児」であり、利用できるサービスにマークを付している。

出典：厚生労働省HP「障害福祉サービスの給付・事業」

## ア　支給決定の流れ

支給決定の流れは以下のとおりです。

①サービスの利用を希望するときは、市区町村の窓口に申請し、障害支援区分の認定を受けます。申請者は、サービスを利用する本人となりますが、申請書は、家族や代理の方が提出することも可能です。

②市区町村は、サービスの申請者に、「指定特定相談支援事業所」が作成する「サービス等利用計画案」の提出を求めます。利用者は「サービス等利用計画案」を「指定特定相談支援事業者」で作成し、市区町村に提出します。

③市区町村は、提出された計画案や勘案すべき事項を踏まえ支給決定し、支給決定通知書と受給者証を利用者に送付します。支給決定の時期については、あらかじめ利用者や関係者と共有しておきます。

④「指定特定相談支援事業者」は、支給決定された後にサービス担当者会議を開催します。

⑤「指定特定相談支援事業者」は、サービス事業者等と連絡調整を行い、実際に利用する「サービス等利用計画」を作成します。「サービス等利用計画」は、利用者の同意を得た後に、利用者に交付するとともに、市区町村に提出します。

⑥利用者は、サービスを提供する事業所と利用に関する契約を締結し、サービス利用が開始されます。市区町村は、「サービス等利用計画」が提出されたときに、サービス利用の開始時期を確認しておきます。

図1-5　支給決定プロセス

・市町村は、必要と認められる場合として省令で定める場合（申請・支給決定の変更）には、指定を受けた特定相談支援事業者が作成するサービス等利用計画案の提出を求め、これを勘案して支給決定を行う。
・＊上記の計画案に代えて、指定特定相談支援事業者以外の者が作成する計画案（セルフプラン）を提出可。
・＊平成24年からサービス等利用計画作成対象者を順次拡大、平成27年からは全ての障害福祉サービス等の利用者を対象。
・支給決定時のサービス等利用計画の作成、及び支給決定後のサービス等利用計画の見直し（モニタリング）について、計画相談支援給付費を支給する。

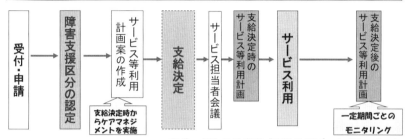

出典：厚生労働省HP「支給決定プロセスについて」

## イ　障害支援区分とは

　障害支援区分とは、障害の多様な特性や心身の状態に応じて必要とされる標準的な支援の度合いを表す6段階の区分（区分1～6：数字が大きい方が支援の度合いが高い）です。必要とされる支援の度合いに応じて適切なサービスが利用できるように導入されています。

　調査項目は、以下の80項目となっています。

1　移動や動作等に関連する項目（12項目）

2　身の回りの世話や日常生活等に関連する項目（16項目）

3　意思疎通等に関連する項目（6項目）

4　行動障害に関連する項目（34項目）

5　特別な医療に関連する項目（12項目）

　各市区町村に設置される審査会において、この調査結果と「医師意見書」の一部項目を踏まえたコンピュータによる一次判定結果を原案

図1-6　障害支援区分

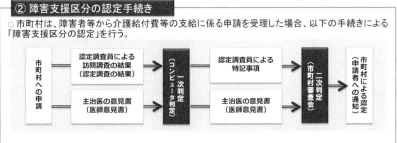

出典：厚生労働省HP・障害者総合支援法における「障害支援区分」の概要

　として、認定調査の「特記事項」と「医師意見書」の内容を総合的に勘案した審査判定が行われ、その結果を踏まえて市区町村が認定します。

　市区町村の担当者は、審査会において、対象者ごとに「一次判定の結果」「認定調査票の写し」「医師意見書の写し」「概況調査票の写し」を資料として準備することが必要です。これらの資料については、個人を特定する情報を削除したうえで、あらかじめ審査会委員に送付します。

　認定調査は、原則として自治体職員が実施することとされています。自宅や施設を訪問し、対象者の生活の様子や介護の度合いを直接確認することは、適切なサービスの支給決定に必要であることはもちろんのこと、虐待の早期発見や新たな福祉ニーズの発見につながることもあります。

## ウ　利用者負担の仕組み

　障害福祉サービスの利用者負担は、サービス量と所得に着目した仕組みとされ、その負担は所得等に配慮した負担（応能負担）とされています。

　所得に応じて次の４区分の負担上限月額が設定され、１か月に利用したサービス量に関わらず、それ以上の負担は生じません。

　また、ここでいう「世帯」とは、サービスを利用する本人と配偶者とされています。

図1-7　利用者負担の一覧

| 区分 | 世帯の収入状況 | 負担上限月額 |
|---|---|---|
| 生活保護 | 生活保護受給世帯 | 0円 |
| 低所得 | 市町村民税非課税世帯（注1） | 0円 |
| 一般1 | 市町村民税課税世帯(所得割16万円(注2)未満)＊入所施設利用者(20歳以上)、GH(グループホーム)利用者を除きます。（注3） | 9,300円 |
| 一般2 | 上記以外 | 37,200円 |

注1　3人世帯で障害基礎年金1級受給の場合、年間（サービス申請月が1〜6月の場合は前々年分。7〜12月の場合は前年分。以下同じ。）の収入が概ね300万円以下の世帯
注2　年間の収入が概ね600万円以下の世帯
注3　入所施設利用者(20歳以上)、GH利用者は、市町村民税課税世帯の場合、「一般2」となります。
　このほか、利用するサービスによって減免などの制度があります。
・療養介護　　医療費と食費の減免
・入所施設　　食費等実費負担の補足給付
・GH　　　　　家賃補助
・生活保護への移行防止策

**出典：厚生労働省HP「障害福祉サービスの利用について」**

## （4）自立支援医療（更生医療・育成医療・精神通院医療）

　自立支援医療とは、心身の障害の状態に対応した医療に対し、医療費の自己負担を軽減する医療費の公費負担制度です。

　障害者自立支援法の成立以前はそれぞれ身体障害者福祉法に基づく「更生医療」、児童福祉法に基づく「育成医療」、精神保健福祉法に基づく「精神通院医療費公費負担医療」と、各個別の法律で規定されていました。これらを一元化した新しい制度として自立支援医療制度が創設されました。よって、根拠となる法律はそれぞれにおきながらも、障害者総合支援法のもとで給付が行われるようになりました。

　対象者は図1-8のとおりですが、更生医療は、身体障害者手帳の交付が必須となりますので注意が必要です。

### 図1-8　自立支援医療制度の概要

**根拠法及び概要**

| 根　拠　法 | 障害者総合支援法 |
|---|---|
| 概　　　要 | 障害者（児）が自立した日常生活又は社会生活を営むために必要な心身の障害の状態を軽減するための医療（保険診療に限る。）について、当該医療費の自己負担額を軽減するための公費負担医療制度 |
| | ※　所得に応じ1月あたりの自己負担上限額を設定（月額総医療費の1割がこれに満たない場合は1割）<br>※　保険優先のため、通常、医療保険の自己負担分（3割）と上記の自己負担上限額の差額分を自立支援医療費により支給 |
| 実施主体 | 【更生医療・育成医療】市町村　【精神通院医療】都道府県・指定都市 |
| 負担割合 | 【更生医療・育成医療】国1/2, 都道府県1/4, 市町村1／4　【精神通院医療】国1/2, 都道府県・指定都市1/2 |

**対象者**

| 更生医療 | 身体障害者福祉法第4条に規定する身体障害者で、その障害の状態を軽減する手術等の治療により確実に効果が期待できる者（18歳以上） |
|---|---|
| 育成医療 | 児童福祉法第4条第2項に規定する障害児のうち、障害に係る医療を行わないときは将来において身体障害者福祉法別表に掲げる障害と同程度の障害を残すと認められ、手術等により確実な治療の効果が期待できる者（18歳未満） |
| 精神通院医療 | 精神保健福祉法第5条に規定する精神疾患（てんかんを含む。）を有する者で、通院による精神医療を継続的に要する者 |

**対象となる医療の例**

（更生医療・育成医療）
　肢体 不自由 … 関節拘縮 → 人工関節置換術　　　言語障害 … 口蓋裂 → 形成術
　視 覚 障 害 … 白内障 → 水晶体摘出術　　　免疫機能障害 … 抗HIV療法
　聴 覚 障 害 … 高度難聴 → 人工内耳埋込術
　内 臓 障 害 … 心臓機能障害 → ペースメーカー埋込手術
　　　　　　　　 腎臓機能障害 → 腎移植、人工透析　　　肝臓機能障害 → 肝移植
　＜先天性内臓障害＞ 鎖肛 → 人工肛門の造設 ※ 育成医療のみ

（精神通院医療）
精神科専門療法
訪問看護

出典：厚生労働省HP「自立支援医療制度の概要」

　自己負担については、負担が大きなものにならないように世帯の市町村民税課税額又は本人の収入に応じ、月ごとに負担上限額が設定されています。1か月あたりの総医療費の1割が負担上限額を超えないのであれば、負担は、毎月の医療費の1割となります。そして、負担上限額を超えた部分は負担しなくてよいことになっています。なお、一定の負担能力があっても継続的に相当額の医療負担が生じる者（高額治療継続者〈いわゆる「重度かつ継続」〉）にも1か月あたりの負担に上限額を設定するなどの負担軽減措置がとられています。

図1-9　自立支援医療の患者負担の基本的な枠組み

① 患者の負担が過大なものとならないよう、所得に応じて1月当たりの負担上限額を設定。（月額総医療費の1割がこれに満たない場合は1割）
② 費用が高額な治療を長期にわたり継続しなければならない（重度かつ継続）者、育成医療の中間所得層については、更に軽減措置を実施。

【自己負担上限月額】

| 所得区分（医療保険の世帯単位） | | 更生医療・精神通院医療 | 育成医療 | 重度かつ継続 |
|---|---|---|---|---|
| 一定所得以上 | 市町村民税 235,000円以上（年収約833万円以上） | 対象外 | 対象外 | 20,000円 |
| 中間所得2 | 市町村民税 33,000円以上235,000円未満（年収：約400～833万円未満） | 総医療費の1割又は高額療養費（医療保険）の自己負担限度額 | 10,000円 | 10,000円 |
| 中間所得1 | 市町村民税 33,000円未満（年収約290～400万円未満） | | 5,000円 | 5,000円 |
| 低所得2 | 市町村民税非課税（低所得1を除く） | 5,000円 | | |
| 低所得1 | 市町村民税非課税（本人又は障害児の保護者の年収80万円以下） | 2,500円 | | |
| 生活保護 | 生活保護世帯 | 0円 | | |

＊年収については、夫婦＋障害者である子の3人世帯の粗い試算

【月額医療費の負担イメージ】 ＊医療保険加入者（生活保護世帯を除く）

| 医療保険（7割） | 自立支援医療費（月額医療費－医療保険－患者負担） | 患者負担（1割又は負担上限額） |
|---|---|---|

「重度かつ継続」の範囲
○疾病、症状等から対象となる者
　［更生・育成］腎臓機能・小腸機能・免疫機能・心臓機能障害（心臓移植後の抗免疫療法に限る）・肝臓の機能障害（肝臓移植後の抗免疫療法に限る）の者
　［精神通院］①統合失調症、躁うつ病・うつ病、てんかん、認知症等の脳機能障害、薬物関連障害（依存症等）の者
　　　　　　　②精神医療に一定以上の経験を有する医師が判断した者
○疾病等に関わらず、高額な費用負担が継続することから対象となる者
　［更生・育成・精神通院］医療保険の多数回該当の者
負担上限月額の経過的特例措置　※上記の太枠部分
育成医療の中間所得1、2及び「重度かつ継続」の一定所得以上の負担上限月額については、当面の間の経過的特例措置

出典：厚生労働省HP「自立支援医療における患者負担の基本的な枠組み」

　世帯の単位は、住民票上の家族のうち、同じ医療保険に加入している家族を同一世帯とします。ただし、同じ医療保険に加入している場合であっても、配偶者以外で、税制と医療保険のいずれにおいても障害者を扶養しないことにした場合は、別の世帯とみなすことが可能と

なる場合もあります。この場合、通常の申請書類に加え、内容を確認する書類等が必要となりますので注意が必要です。

　入院時の食事療養費又は生活療養費（いずれも標準負担額相当）については、入院と通院の公平性を図る視点から原則自己負担となります。

## （5）補装具

　補装具とは、「障害者が日常生活を送る上で必要な移動等の確保や、就労場面における能率の向上を図ること及び障害児が将来、社会人として独立自活するための素地を育成助長すること」を目的とした、身体の欠損又は損なわれた身体機能を補完・代替する用具をいいます。障害者総合支援法施行規則第6条の20では、補装具を以下の3つを満たすものとしています。

1　障害者等の身体機能を補完し、又は代替し、かつ、その身体への適合を図るように製作されたものであること
2　障害者等の身体に装着することにより、その日常生活において又は就労若しくは就学のために、同一の製品につき長期間にわたり継続して使用されるものであること
3　医師等による専門的な知識に基づく意見又は診断に基づき使用されることが必要とされるものであること

　具体的には、義肢や視覚障害者用の安全杖、補聴器、車いす、歩行器などですが、日常生活用具と違うのは、補装具は「あると便利」というものではなく、生活をするうえで必要なもので、しかも医師等の専門家が必要だと判断したものであるということです。

　身体障害者総合支援法によって支給される補装具は、原則1種目につき1つです。義肢のように日常使用する義肢と、就業上作業に使用

したい義肢のように、その用途によって使い分けたいものもあります。こうした場合はもう1つ申請することが認められていますが、車いすで外出時に使う屋外用の車いすとは別に（靴脱ぎの習慣のある日本の）屋内用に支給してほしいなど、すべてのニーズを満たそうとすると、際限が無くなる可能性もあります。生活しやすいようニーズに応えてあげたい気持ちは大事にしつつ、財源には限りがあることから、生活の仕方を変える、兼用するなど、1つでまかなえないかどうか検討する姿勢も必要となります。また、補装具はその人個人の状態に合わせた個別性が高い用具であって、他の人と貸し借りができるような汎用性のあるものではありません。したがって、子どものように成長発達段階にある人や身体状況が変化する人に対しては、少し先のことも見越したり、必要になれば新たなものを作るということを検討する視点も必要です。

　身体障害者総合支援法による補装具支給の実施主体は市区町村です。障害者又は障害児の保護者が市区町村長に申請し、身体障害者更生相談所等の判定又は意見に基づき、市区町村長がその決定をし、補装具費の支給を受けます。支給については「同一の月に購入又は修理に要した費用の額（基準額）を合計した額から、利用者負担額（原則1割）を除した額（補装具費）」となります。なお、利用者負担は原則1割ですが、世帯の所得に応じ、負担上限月額が設定されています。この補装具費の負担割合は国：1/2、都道府県：1/4、市区町村：1/4です。

　車いすは、身体障害者総合支援法による補装具でもあり、介護保険による福祉用具貸与の品目でもあります。40歳以上65歳未満の身体障害者であって、介護保険法による要介護状態又は要支援状態に該当する人で両法に共通する補装具（介護保険での福祉用具）を希望する場

合、介護保険法が優先され、身体障害者総合支援法による補装具費の
支給は行わないことが原則です。しかしながら、その身体状況等によ
り個別に補装具を製作する必要があると判断される場合には、更生相談
所の判定等に基づき、障害者総合支援法による支給が可能になります。

　なお、補装具費支給事務取扱指針には、市区町村は、補装具費の支
給にあたっては、医師、理学療法士、作業療法士、言語聴覚士、身体
障害者福祉司、保健師等の専門職員及び補装具事業者との連携を図り
ながら、身体障害児・者の身体の状況、性別、年齢、職業、教育、生
活環境等の諸条件を考慮して行う必要があるとしています。また、補
装具を必要とする身体障害児・者、そして実際に補装具を支給されて
いる人たちの状況を把握し、計画的に支援を行うことが求められてい
ます。

---

補装具の種目
　［身体障害者・身体障害児共通］
義肢、装具、座位保持装置、視覚障害者安全つえ、義眼、眼鏡、補聴器、
人工内耳（人工内耳用音声信号処理装置の修理のみ）、車椅子、
電動車椅子、歩行器、歩行補助つえ（Ｔ字状・棒状のものを除く）、
重度障害者用意思伝達装置
　［身体障害児のみ］
座位保持椅子、起立保持具、頭部保持具、排便補助具

---

　2018（平成30）年度から、補装具費の支給基準に「借受け」が追加
されました。「購入」を基本とした原則は維持したうえで、成長に伴っ
て短期間での交換が必要である場合など、「借受け」によることが適
当である場合に限り、補装具費の支給対象となります。

図1-10 補装具費支給制度の概要（一部抜すい）

**5．費用負担**

（1）公費負担
補装具の購入又は修理に要した費用の額（基準額）から利用者負担額（原則１割）を除した額を補装具費とし、この補装具費について以下の割合により負担。
負担割合 （国：50／100、 都道府県：25／100、 市町村：25／100）

（2）利用者負担
所得に応じ、以下の負担上限月額を設定。
〈所得区分及び負担上限月額〉

| 生活保護 | 生活保護世帯に属する者 | 0円 |
| 低所得 | 市町村民税非課税世帯 | 0円 |
| 一　　般 | 市町村民税課税世帯 | 37,200円 |

- ただし、障害者本人又は世帯員のいずれかが一定所得以上の場合（本人又は世帯員のうち市町村民税所得割の最多納税者の納税額が46万円以上の場合）には補装具費の支給対象外とする。
- 生活保護への移行防止措置あり

出典：厚生労働省HP「〈福祉用具〉補装具費支給制度の概要」

また、障害福祉サービスと介護保険法に基づく居宅サービス等に関わる利用者負担と補装具に係る利用者負担を合算したうえで利用者負担の軽減が図られるようになっています。

## （6）福祉用具

福祉用具とは、車いすや歩行器、杖など、障害のある人や要介護者等の日常生活の便宜を図るための用具及び要介護者等の機能訓練のための用具をいいます。

福祉用具を生活に導入する場合、貸与や購入費用の助成を受けることができます。

### ア　介護保険法による福祉用具

介護保険法における給付対象は貸与11品目、販売５種目であり、貸与が原則となっています。貸与が原則であるのは、「利用者の身体状況や要介護度の変化、福祉用具の機能の向上に応じて、適時・適切な福祉用具を利用者に提供」するためですが、他人が使用したものを貸

与されるには心理的に抵抗があったり、利用者の使用による変形など
で再利用しにくいものは購入してもらいその費用を助成しています。

　貸与品目に関しては厚生労働省より貸与価格の上限が定められてお
り、販売種目は原則として1年間に10万円となっています。貸与価格
の上限を超えた場合は給付対象とならないので注意が必要です。貸与
や購入に際しては、まずはケアプランでその必要性が示されているこ
とが必要です。そのうえで、利用者や家族の状況を踏まえ、福祉用具
貸与事業者や特定福祉用具販売事業者による個別サービス計画（福祉
用具サービス計画)が作成され、利用者や家族の同意を得たうえでサー
ビスが提供されます。この個別サービス計画は利用者ごとに作成する
ことが必要で、利用者の希望、心身の状況及びその置かれている環境
を踏まえた①利用目標、②利用目標を達成するための具体的なサービ
ス内容、③福祉用具の機種と当該機種を選定した理由、④関係者間で
共有すべき情報（福祉用具使用時の注意事項等）等が記載されます。

## イ　障害者等への日常生活用具給付等事業

　障害者、障害児、難病患者等に対しては、市区町村が行う地域生活
支援事業（必須事業）として、障害者総合支援法第77条第1項第6号
に日常生活用具給付等事業が規定されています。障害者等の日常生活
がより円滑に行われるための用具を給付又は貸与するもので、市区町
村がその実施主体になります。障害者総合支援法では、介護・訓練支
援用具、自立生活支援用具、在宅療養等支援用具、情報・意思疎通支
援用具、排泄管理支援用、居宅生活動作補助用具（住宅改修費）が示
されています。さらに日常生活用具給付等事業の福祉用具にはその要
件と用途・形状が定められています（厚生労働省告示第529号）。要件
は以下の3つで、そのすべてを満たすことが求められています。

1　障害者等が安全かつ容易に使用できるもので、実用性が認められるもの

2　障害者等の日常生活上の困難を改善し、自立を支援し、かつ、社会参加を促進すると認められるもの

3　用具の製作、改良又は開発にあたって障害に関する専門的な知識や技術を要するもので、日常生活品として一般に普及していないもの

　この事業を利用して福祉用具を利用したい人は、市区町村長に申請し、市区町村による給付の決定後、給付を受けることになります。この際の補助金負担に関しては国が1/2以内、都道府県が1/4以内、市区町村1/4以内とされ、利用者負担をもうけるかどうかは各市区町村が判断し、決定しています。

　また、厚生労働大臣が指定する身体障害者用物品及びその修理は非課税となります。杖や車いすなど多くの福祉用具が該当しますが、例えば視覚障害者用ワードプロセッサーのように製品まで指定されるものがありますので、利用者が福祉用具を導入される際には非課税と指定されている製品であるのかということにも注意を払いましょう。なお、福祉用具は利用者にとって安全なものでなければなりません。リコール情報など、メーカーや福祉用具を扱う業者には利用者への適切な情報提供・支援がなされるよう周知・指導するとともに、ユーザーである利用者の意識を高める支援も必要です。

## （7）住宅改修

　多くの障害のある人にとって、それぞれの障害特性に応じて住宅改

27

修することで、日常生活の質が大きく変わります。段差の解消や居室の整備からリフトの設置や便座の交換など多岐にわたり、改修の内容は様々です。こうした住宅改修の費用負担は決して軽いものではなく、公的な助成が必要で、国及び自治体では住宅改修費用の助成を行っています。しかしながら、我が国では住宅は個人の資産であることから、持ち家の場合は住宅改修費用助成という公的資金の投入が個人の資産価値を高めることになるとの懸念を示す人もいます。また、賃貸住宅においては住宅改修を行うことに対する家主の理解が得られないこともあり、障害のある人たちが生活しやすい住まいを獲得していくには課題が残っています。こうした課題に対しては、住宅確保要配慮者に対する賃貸住宅の供給の促進に関する法律により、住宅のセーフティネット制度が創設され、住宅確保要配慮者の入居を拒まない賃貸住宅の登録制度などの事業が行われています（2017（平成29）年度～）。

## ア　身体障害のある人を対象とした住宅改修の費用助成

　身体障害のある人が住宅改修を行う際の費用助成は、「重度障害者住宅改造費助成制度」「住環境整備助成事業」などとして各市区町村で行われています。この費用助成を受ける条件や助成金額、助成回数などは各自治体が定めており、全国一律のサービスではありません。さらに収入が高額である世帯はこのサービスを受けることができないなど様々です。障害のある人から生活しやすくなるよう住宅改修を検討しているとの相談があった場合のみならず、手すりを付けるだけで自立度が向上したりすることにご本人や家族が気付いていないこともあるので、住環境にも関心を持って支援していただきたいと思います。

## イ　介護保険制度における住宅改修

　要介護者等が、介護保険で自宅に手すりを取り付ける等を行おうとするときは、実際の住宅改修費の1割を自己負担することで住宅改修を行うことができます。介護保険による住宅改修費用の支給限度基準額（20万円）の原則9割（18万円）が、償還払いで要介護者等に支給されます。住宅改修を行いたいときには、必要な書類（住宅改修が必要な理由書等）を添えて、申請書を市区町村の窓口に提出し、工事完成後、領収書等の費用発生の事実がわかる書類等を提出します。住宅改修前の申請が原則ですが、やむを得ない事情がある場合には、工事完成後に申請することも可能です。

## ウ　住宅確保要配慮者

　現在、住宅確保要配慮者は低額所得者、被災者、高齢者、障害者、子育て世帯と法で定められています。なお、低額所得者は、公営住宅法に定める算定方法による月収（政令月収）が15万8,000円以下の世帯、子育て世帯は、18歳未満の子どもがいる世帯とされています。これらに加えて、省令において、外国人などが定められています。さらに、地方公共団体の供給促進計画により、新婚世帯などを住宅確保用配慮者として設定することもできます。

## エ　住宅確保要配慮者の入居を拒まない賃貸住宅の登録制度

　住宅確保要配慮者の入居を拒まない住宅として、都道府県・政令市・中核市に賃貸住宅を登録する制度です。都道府県等では賃貸人により登録された住宅の情報を、住宅確保要配慮者の方々等に広く提供し（住宅確保要配慮者円滑入居賃貸住宅専用の検索・閲覧・申請サイト：https://www.safetynet-jutaku.jp/guest/index.php）、住宅確保要

配慮者等が賃貸人に入居を申し込むことができるサービスです。

　なお、登録にあたっては一定の耐震性能を有しているなどの条件があります。また、この登録住宅の間取り変更やバリアフリー化への支援として大家等への改修費用の補助、入居者に対しては家賃と家賃債務保証料の低廉化に対する補助といった経済的な支援も用意されています。

## オ　住宅確保要配慮者への支援

　要配慮者の住宅確保及び居住継続を支援していく仕組みとして、都道府県は居住支援活動を行うＮＰＯ法人等を居住支援法人として指定することができます。また、家賃債務保証業については、一定の要件を満たせば適正に業務を行うことができる業者として登録する制度や、家賃債務保証業者や居住支援法人が登録住宅入居者の家賃債務を保証する際に住宅金融公庫がその保証を保険する仕組みも創設されています。

## （8）地域生活支援事業

　地域生活支援事業は、都道府県や市区町村が地域の実情に応じて様々なサービスや事業を実施するものです。

　都道府県及び市区町村は、地域で生活する障害者等のニーズを踏まえ、柔軟な実施が可能となるよう、自治体は創意工夫により事業の詳細を決定し、効率的・効果的な取組を行います。

　しかしながら、国の予算の範囲内での補助となるため、実態としては自治体の負担が増え、サービス内容に地域格差を生む要因ともなっています。限られた財源の中で、事業をどのように実施していくか、

各自治体の手腕が求められている事業とも言えます。

図1-11　地域生活支援事業

> 　障害者及び障害児が基本的人権を享有する個人としての尊厳にふさわしい日常生活又は社会生活を営むことができるよう、地域の特性や利用者の状況に応じ、実施主体である市町村等が柔軟な形態により事業を計画的に実施する。

○　地域生活支援事業（障害者総合支援法第77条・第77条の2・第78条）

【事業の性格】
(1)　事業の実施主体である市町村等が、地域の特性や利用者の状況に応じて柔軟に実施することにより、効果的・効率的な事業実施が可能である事業
　　　［地域の特性］　　地理的条件や社会資源の状況
　　　［柔軟な形態］　　①委託契約、広域連合等の活用
　　　　　　　　　　　　②突発的なニーズに臨機応変に対応が可能
　　　　　　　　　　　　③個別給付では対応できない複数の利用者への対応が可能
(2)　地方分権の観点から、地方が自主的に取り組む事業
(3)　生活ニーズに応じて個別給付と組み合わせて利用することも想定できる。
　　　　※ただし、地域生活支援事業単独で行うことも可
(4)　障害者保健福祉サービスに関する普及啓発等の事業

【補助率】　　※統合補助金
　　市町村事業　：国1／2以内、都道府県1／4以内で補助
　　都道府県事業：国1／2以内で補助

　　　　　　　　　　　出典：厚生労働省HP「地域生活支援事業について」

## （9）障害者計画と障害福祉計画

　自治体の障害者に関する計画は、障害者基本法に基づき障害者施策に関する基本的な事項を定める「障害者計画」と障害者総合支援法に基づき障害福祉サービスの提供体制の確保を計画的に図るためにサービスの見込み量を定める「障害福祉計画」があります。障害児に関しては、児童福祉法に基づく「障害児福祉計画」があります。

　この3つの計画は、基本的事項（基本計画）と具体的事項（実施計画）の役割分担をしていますが、自治体によっては、一体的に策定することが多くなっています。そうした自治体では、3つの計画を一冊の計画書の中に盛り込み、障害者福祉の総合的な計画として策定して

います。

　福祉分野における自治体の計画は、社会福祉法に基づく「地域福祉計画」が上位計画となるので、障害福祉に関する計画もこの「地域福祉計画」と連動して策定されることが求められています。いずれも住民参加が原則とされ、地域の実情に応じた計画を策定するため、できる限り多くの住民、当事者の声を聴くことが必要となります。

図1-12　障害者計画と障害福祉計画の違い

|  | 障害者計画 | 障害福祉計画 |
|---|---|---|
| 概要 | 障害者施策の基本的な事項や理念を定め、障害者施策の基本計画として、施策を総合的かつ計画的に推進し、障害者の自立と社会参加のために策定するもの。 | 障害福祉サービス等の提供体制及び自立支援給付等の円滑な実施を確保するための基本的事項を定めるもの。障害福祉サービスに関する3年間の実施計画的位置付け。 |
| 根拠法 | 障害者基本法第11条第3項 | 障害者総合支援法第88条 |
| 計画期間 | 自治体ごとに定める | 3年間 |
| 主務官庁 | 内閣府 | 厚生労働省 |

著者作成

## （10）重層的な相談支援体制

　市区町村において、地域住民の複合・複雑化した支援ニーズに対応する断らない包括的な支援体制を整備するため、2017（平成29）年に社会福祉法が改正され、重層的支援体制整備事業が創設されました（事業を希望する市区町村の手挙げに基づく任意事業）。

　相談支援（包括的相談支援事業、多機関協働事業、アウトリーチ等を通じた継続的支援事業）、参加支援事業、地域づくり事業を一体的

に実施する事業の3つの事業を一体的に行うことによって、介護保険、障害福祉、児童福祉、生活困窮といった対象者の属性や制度の縦割りをなくし、制度に合わせるのではなく困りごとを抱えている本人を中心とした支援を行うことが可能となります。市区町村には、包括的な支援体制を構築することが求められているのです。

　具体的な方法は市区町村ごとに異なりますが、障害者支援においても、市区町村窓口や基幹相談支援センターなどで受け止めた複合・複雑化した相談に対して、この体制を活用し、多機関協働で制度の狭間にあるニーズに対応する支援を行うことになります。

**図1-13　重層的支援体制整備事業における支援の内容**

| | |
|---|---|
| 相談支援 | ①介護（地域支援事業）、障害（地域生活支援事業）、子ども（利用者支援事業）、困窮（生活困窮者自立相談支援事業）の相談支援にかかる事業を一体として実施し、本人・世帯の属性に関わらず受け止める、包括的相談支援事業を実施<br>②複合課題を抱える相談者にかかる支援関係機関の役割や関係性を調整する多機関協働事業を実施<br>③必要な支援が届いていない相談者にアウトリーチ等を通じた継続的支援事業を実施 |
| 参加支援事業 | ○介護・障害・子ども・困窮等の既存制度については緊密な連携を取って実施するとともに、既存の枠組では対応できない狭間のニーズに対応するため（※1）、本人のニーズと地域の資源との間を取り持ったり、必要な資源を開拓し、社会とのつながりを回復する支援（※2）を実施<br>（※1）世帯全体としては経済的困窮の状態にないが、子がひきこもりであるなど<br>（※2）就労支援、見守り等居住支援　など |

| | |
|---|---|
| 地域づくり事業 | ○介護（一般介護予防事業、生活支援体制整備事業）、障害（地域活動支援センター）、子ども（地域子育て支援拠点事業）、困窮（生活困窮者のための共助の基盤づくり事業）の地域づくりに係る事業を一体として実施し、地域社会からの孤立を防ぐとともに、地域における多世代の交流や多様な活躍の場を確保する地域づくりに向けた支援を実施<br>○事業の実施にあたっては、以下の場及び機能を確保<br>①住民同士が出会い参加することのできる場や居場所<br>②ケア・支え合う関係性を広げ、交流や活躍の場を生み出すコーディネート機能 |

出典：厚生労働省HP「重層的支援体制整備事業における具体的なフローについて」

## （11）相談支援

　障害者やその家族の相談に応じることは、市区町村の重要な仕事です。でも、一概に相談と言っても窓口で書類の手続に応じるだけではありません。相談支援とは、障害者の意思を中心に生活（生命・暮らし・生きがい）を支援することです。障害者基本法第23条では、市区町村に、障害者及びその家族等の相談に総合的に応ずるための必要な相談体制整備を求めています。

　厚生労働省は、障害者支援における重層的な相談支援体制として、図1-14の3層構造を示しています。もちろん、第1層の前に、市区町村の福祉の増進にむけた住民サービスとして基本的な対応があることは言うまでもありません。

　第1層は、基本相談支援を基盤とした計画相談支援です。障害者が、障害福祉サービス等を利用したいときには市区町村に支給申請をします。その際、障害者や家族の相談に応じて、障害者の状況、障害福祉サービス等の利用に関する意向を聞き、サービス等利用計画を作成し

図1-14　重層的な相談支援体制

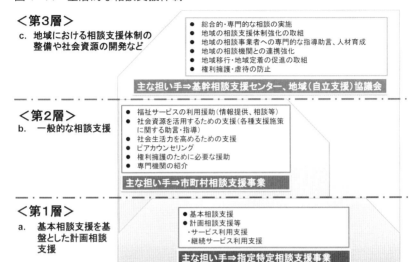

**＜第3層＞**
c. 地域における相談支援体制の
　整備や社会資源の開発など

- 総合的・専門的な相談の実施
- 地域の相談支援体制強化の取組
- 地域の相談事業者への専門的な指導助言、人材育成
- 地域の相談機関との連携強化
- 地域移行・地域定着の促進の取組
- 権利擁護・虐待の防止

主な担い手⇒基幹相談支援センター、地域（自立支援）協議会

**＜第2層＞**
b.　一般的な相談支援

- 福祉サービスの利用援助（情報提供、相談等）
- 社会資源を活用するための支援（各種支援施策に関する助言・指導）
- 社会生活力を高めるための支援
- ピアカウンセリング
- 権利擁護のために必要な援助
- 専門機関の紹介

主な担い手⇒市町村相談支援事業

**＜第1層＞**
a.　基本相談支援を基
　盤とした計画相談
　支援

- 基本相談支援
- 計画相談支援等
　・サービス利用支援
　・継続サービス利用支援

主な担い手⇒指定特定相談支援事業

出典：令和元年度主任相談支援専門員研修（公益財団法人日本障害リハビリテーション協会）厚生労働省資料「障害福祉の動向」

ます。その際の担い手となるのが指定特定相談支援事業者です。

　第2層は、市区町村の一般的な相談支援です。障害者総合支援法第77条第3項では、市区町村の責務として、障害者が自立した日常生活又は社会生活を営むことができるよう相談に応じることを求めています。サービス利用に至らない人、ひきこもりがちな人、複合的な課題を抱えている人を対象とします。これは、指定一般・特定相談支援事業者への委託も可能です。

　第3層は、地域における相談支援体制の整備や社会資源の開発などを行います。担い手は、基幹相談支援センター、地域（自立支援）協議会になります。基幹相談支援センターは、相談支援の中核的な役割を担う機関として、協議会は、障害者等への支援の体制の整備を図るため、障害者や家族、福祉、医療、教育又は雇用に関連する関係者に

よる会議体として、障害者総合支援法に規定されています。

## （12）基幹相談支援センター

　基幹相談支援センターは、地域の相談支援の重要な拠点です。地域の実情に応じて以下の業務を行います。設置主体は市区町村ですが、指定一般相談支援事業所・指定特定相談支援事業所等に委託することが可能です。地域の実情に応じて市区町村が設置する協議会の運営を受託して、地域の障害者等の支援体制の強化を図ります。基幹相談支援センターは交付税財源ですが、機能強化を図るための「基幹相談支援センター等機能強化事業」は地域生活支援事業費補助金として国庫補助の対象となります。

図1-15　基幹相談支援センターの役割

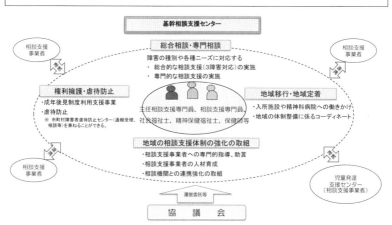

出典：厚生労働省HP「基幹相談支援センターの役割のイメージ」

## ア　総合的・専門的な相談支援の実施

　障害の種別や各種のニーズに対応できる総合的な相談支援や専門的な相談支援を実施します。

## イ　地域の相談支援体制の強化の取組

　地域の相談支援事業者に対する訪問等による専門的な指導、助言や、地域の相談支援事業者の人材育成の支援（研修会の企画・運営、日常的な事例検討会の開催、サービス等利用計画の点検・評価等）を行います。

　また、地域の相談機関（相談支援事業者、身体障害者相談員、知的障害者相談員、民生委員・児童委員、高齢者、児童、保健・医療、教育・就労等に関する各種の相談機関等）との連携強化の取組（連携会議の開催等）を行います。

## ウ　地域移行・地域定着の促進の取組

　障害者支援施設や精神科病院等への地域移行への働きかけ、地域生活を支えるための体制整備に係るコーディネートを行います。

## エ　権利擁護・虐待の防止

　成年後見制度利用支援事業の実施や障害者等に対する虐待を防止するための取組を行います。

## 💬 （13）協議会

　協議会は、障害者総合支援法第89条において規定されているもので、地方自治体には、障害者、家族や福祉、医療、教育、雇用等の関係者

により構成される協議会の設置の努力義務があります。協議会の目的は、関係機関等と相互に連絡を図り、地域における障害者等への支援体制の整備にむけて協議を行うことです。

　運営の基本は、行政のリーダーシップと民間の柔軟性を組み合わせた行政と民間の協働で、横断的、重層的、相補的な支援体制を構築することにあります。①共通の目的を持つこと、②情報を共有すること、③具体的に協働することが重要です。

　協議会のプロセスを見てください（図1-16）。個別支援会議等を繰り返して、地道にシステムを作り上げる「ボトムアップ型」が基本です。本人の意思・ニーズを中心に据えた支援を行い、本人の意思を支えるチームをつくります。個別の支援から見えてきた課題を普遍化して、地域全体の課題として整理します。施策反映に必要なものは計画

図1-16　協議会のプロセス（個別課題の普遍化）

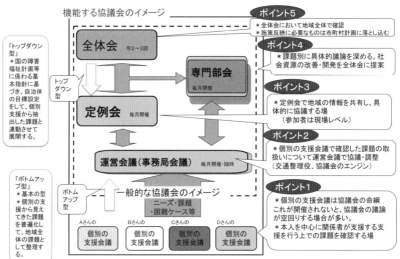

出典：財団法人日本障害者リハビリテーション協会
　　　『自立支援協議会運営マニュアル』より筆者一部改編

に落とし込み、社会資源の創出、基盤整備を行います。併せて「トップダウン型」も理解しておきましょう。国の障害福祉計画等に係わる基本指針に基づき、自治体の目標設定をして、個別支援から抽出した課題と連動させることも求められています。

　協議会運営が形骸化しているという話がありますが、協議会運営は、日常的な協働（行政と民間で協力して困りごとを抱えた人を支援する等）の延長線上にあります。円滑な運営のためには、①行政と基幹相談支援センター等の民間相談支援機関との間に信頼関係があること、②機能的な事務局機能があること、③専門部会等の会議を推進するため担当者のコア会議があること、④短期・中期・長期目標を設定してＰＤＣＡサイクルにより進行管理をすること、⑤公民が責任をもって、組織を超えて地域課題に前向きに取り組んでいくことが大切です。

## 💬 （14）地域生活支援拠点等

　地域生活支援拠点等とは、障害者の重度化・高齢化や「親亡き後」を見据えた、居住支援のための機能をもつ場所や体制のことです。具体的には以下の2つの目的をもっています。

　　①緊急時の迅速・確実な相談支援の実施・短期入所等の活用によって、地域における生活の安心感を担保する機能を備えます。

　　②体験の機会の提供を通じて、施設や親元からグループホーム、一人暮らし等への生活の場の移行をしやすくする支援を提供する体制を整備し、障害者等の地域での生活を支援します。

　住み慣れた地域で安心して自分らしく生活していくための「地域生活支援拠点」なので、主な機能は、相談、緊急時の受け入れ・対応、体験の機会・場、専門的人材の確保・養成、地域の体制づくりの5つ

## 図1-17　地域生活支援拠点

障害者の重度化・高齢化や「親亡き後」を見据え、居住支援のための機能（相談、緊急時の受け入れ・対応、体験の機会・場、専門的人材の確保・養成、地域の体制づくり）を、地域の実情に応じた創意工夫により整備し、障害者の生活を地域全体で支えるサービス提供体制を構築。

●地域生活支援拠点等の整備手法（イメージ）※あくまで参考例であり、これにとらわれず地域の実情に応じた整備を行うものとする。

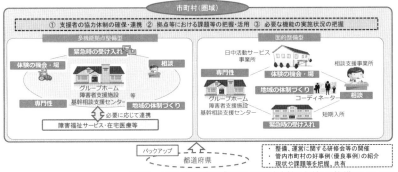

出典：厚生労働省HP「地域生活支援拠点等の整備について」

を柱としています。

　拠点等の機能強化を図るため5つの機能を集約し、グループホームや障害者支援等に付加した「多機能拠点整備型」、また、地域における複数の機関が分担して機能を担う体制の「面的整備型」があります。国は、これにとらわれずに地域の実情に応じて整備することを求めています（例「多機能拠点整備型」＋「面的整備型」）。

　重要なことは、各地域のニーズ、既存のサービスの整備状況など各地域の個別の状況に応じ、協議会等を活用して適切に検討して整備することです。

　住み慣れた地域で安心して自分らしく生活するために、地域生活支援拠点等の整備は必要です。緊急時に備えるということは、平時の日常的な支援体制を充実させることになりますし、行政、相談支援、通所系サービス、訪問系サービス、入所系サービスの在り方をとらえなお

し、地域全体のサービスの質を底上げする絶好の機会となるはずです。

## （15）障害年金

　障害年金なので、障害福祉担当課で手続ができると思っているかもしれませんが、障害年金は厚生年金保険事業と国民年金事業のなかに位置付けられているものです。広い意味では障害福祉サービスかもしれませんが、障害総合支援法でいう障害福祉サービスとは別の仕組みです。この障害年金については、厚生労働大臣が監督者となり、日本年金機構が厚生年金保険法、国民年金法に基づいて業務を行っています。そのため、相談や申請の窓口は各地にある年金事務所か、市区町村の年金保険担当課に設けられています。しかしながら、障害福祉担当課は「うちじゃありませんから、相談は日本年金機構で行ってください」と言うだけでは極めて不親切ですから、障害年金の相談に来た方には適切な説明を行ってください。

　日本は、国民のすべてが、必ずいずれかの医療保険に入っているという皆保険制度になっています。同様に、農業者や自営業者、サラリーマンから無職である人も含め、20歳以上60歳未満のすべての人が公的年金制度の対象になっています。これを国民皆年金といい、この国民皆年金制度によって、社会全体で高齢者を支えています。

　この制度は社会保険方式ですので、財源は20歳以上60歳未満の現役世代が納める保険料と、国から支出される国庫負担金（税金）でまかなわれています。また、原則として保険料を納めないと年金を受け取れないようになっています。現役の世代が保険料を納め、そこに国のお金も加え、年金として高齢者世代に渡すことから、世代間の仕送りのようにみえるので「世代間扶養」ということもあります。そして、

この年金の仕組みが単なる仕送りではなく、年金保険という名称に示されているように保険としての役割ももっていて、現役世代が思わぬ事故や病気になった万が一のときには障害年金、遺族年金が生活のお手伝いをするようになっています。

## ア　障害年金の種類

　障害年金の種類は、障害基礎年金と障害厚生年金・手当金の2種類あります。詳細は以下のとおりです。

| 障害基礎年金 | 国民年金に加入している間、又は20歳前、もしくは60歳以上65歳未満間に、初診日がある病気やケガで、障害等級表（1級・2級）に示された障害の状態にあるときに支給されます。<br>※障害基礎年金を受けるためには、初診日の前日において、次のいずれかの要件（保険料納付要件）を満たしていることが必要です。ただし、20歳前の年金制度に加入していない期間に初診日がある場合は、納付要件はありません。<br>（1）初診日のある月の前々月までの公的年金の加入期間の2/3以上の期間について、保険料が納付または免除されていること<br>（2）初診日において65歳未満であり、初診日のある月の前々月までの1年間に保険料の未納がないこと |
| --- | --- |
| 障害厚生年金・手当金 | 厚生年金に加入している間に初診日のある病気やケガで障害基礎年金の1級又は2級に該当する障害の状態になったときは、障害基礎年金に上乗せして支給されます。障害の状態が2級に該当しない軽い程度の障害のときは3級の障害厚生年金が支給されます。また、初診日から5年以内に病気やケガが治り、障害厚生年金を受けるよりも軽い障害が残ったときには一時金として障害手当金が支給されます。 |

出典：日本年金機構HP「障害年金」

## イ　障害年金の仕組み

国民年金や厚生年金に加入し、保険料を支払っていれば、ケガや病気で障害がある状態になったときは、その障害の状態が1級〜3級までの、どの等級に相当するのかということで年金額が決まることになります。厚生年金に加入していた人の場合は、1級に認定されたときは障害厚生年金1級の年金額と障害基礎年金1級を合算した額が受け取れます。2級の場合も合算がありますが、3級の場合は障害厚生年金3級の金額が受け取れます。

自営業や農業に従事している国民年金保険の第1号被保険者の場合は障害基礎年金だけを受け取ることになります。申請は、市区町村の国民年金保険担当課、又は年金事務所の窓口で行います。

ここで大切なのは、18歳以前に療育手帳を取得している知的障害がある人の年金です。障害基礎年金の説明に「20歳前の年金制度に加入

図1-18

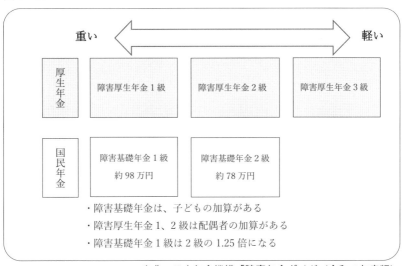

出典：日本年金機構「障害年金ガイド（令和4年度版）」

していない期間に初診日がある場合は、納付要件はありません。」と
あるように、保険料を納付することなく年金を受給できます。しかし、
療育手帳の等級と障害基礎年金の等級は別々のものですから、療育手
帳が2級であれば、障害基礎年金も2級ということになるわけではあ
りません。日本年金機構の「国民年金・厚生年金保険　障害認定基準」
によって判定されます。申請書類を整え、市区町村の国民年金保険担
当課、又は年金事務所に提出します。

# 3 障害児・者の相談支援にあたっての基礎知識

## 💬（1）障害児と障害者、どこで分けているの？

　まず、基本をしっかりと確認しましょう。その基本とは「障害児」と「障害者」の意味を理解することです。きっと、障害児は子どもで、障害者は大人に違いないと思うでしょう。そのとおりですが、その境は18歳なのでしょうか。それとも20歳なのでしょうか。

　こうした疑問にぶつかったとき、自治体で働く職員は、根拠法を見返す習慣を身につけましょう。例えば、自治体とは何をする場所なのかという疑問がわいたら、まずは地方自治体の組織や運営に関する事項を定めている地方自治法に目をとおしましょう。地方自治法第１条の２には「地方公共団体は、住民の福祉の増進を図ることを基本として、地域における行政を自主的かつ総合的に実施する役割を広く担うものとする」と記されています。このように、基本的なことは法律に記されています。だからこそ、根拠法を知ることが大切です。

　さて、障害児と障害者は法律では、どのように規定されているのでしょうか。まずは、障害者基本法を見てみましょう。

〈障害者基本法〉

（定義）

第２条　この法律において、次の各号に掲げる用語の意義は、それぞれ当該各号に定めるところによる。

　一　障害者　身体障害、知的障害、精神障害（発達障害を含む。）その他の心身の機能の障害（以下「障害」と総称する。）がある者で

> あつて、障害及び社会的障壁により継続的に日常生活又は社会生活
> に相当な制限を受ける状態にあるものをいう。
>
> 二　社会的障壁　障害がある者にとつて日常生活又は社会生活を営む
> 　　上で障壁となるような社会における事物、制度、慣行、観念その他
> 　　一切のものをいう。
>
> （教育）
>
> 第16条　国及び地方公共団体は、障害者が、その年齢及び能力に応じ、
> 　　かつ、その特性を踏まえた十分な教育が受けられるようにするため、
> 　　可能な限り障害者である児童及び生徒が障害者でない児童及び生徒と
> 　　共に教育を受けられるよう配慮しつつ、教育の内容及び方法の改善及
> 　　び充実を図る等必要な施策を講じなければならない。

　障害者基本法にある「障害者」の定義は、第16条において小学生を示す「児童」、中学生・高校生を示す「生徒」も「障害者」と表現していることから、「障害児」も含んでいることがわかります。

　次に身体障害者福祉法を見てみましょう。

> 〈身体障害者福祉法〉
>
> （身体障害者）
>
> 第4条　この法律において、「身体障害者」とは、別表に掲げる身体上
> 　　の障害がある18歳以上の者であつて、都道府県知事から身体障害者手
> 　　帳の交付を受けたものをいう。

　「身体障害者の自立と社会経済活動への参加を促進するため、身体障害者を援助し、及び必要に応じて保護し、もつて身体障害者の福祉の増進を図ることを目的とする」と記している身体障害者福祉法では

年齢の記載があります。要約すれば、身体障害者とは「18歳以上の者」であって「身体障害者手帳の交付を受けたもの」となります。ここで少し話が難しくなってきましたが、身体障害者福祉法施行規則にある別表「身体障害者障害程度等級表」から判断して、明らかに身体障害があり、なおかつ身体障害者手帳の交付を受けたものに障害者を限定しているのです。この考え方に従えば、「身体障害者障害程度等級表」に示された条件を満たしていても、身体障害者手帳の交付を受けていない場合は、法律のうえでは身体者障害者には含まれないことになります。先に紹介した障害者基本法は、こうした障害等級のことも、身体障害者手帳の交付を受けていなければ障害者ではありませんという記載もありません。また、障害児という言葉がなく、子どもも大人も包括して「障害者」という言葉が使われています。

　他に年齢について、明確な定義を行っているのが障害者の日常生活及び社会生活を総合的に支援するための法律（障害者総合支援法）と児童福祉法です。

〈障害者の日常生活及び社会生活を総合的に支援するための法律〉

（定義）

第4条　この法律において「障害者」とは、身体障害者福祉法第4条に規定する身体障害者、知的障害者福祉法にいう知的障害者のうち18歳以上である者及び精神保健及び精神障害者福祉に関する法律第5条に規定する精神障害者（発達障害者支援法（平成16年法律第167号）第2条第2項に規定する発達障害者を含み、知的障害者福祉法にいう知的障害者を除く。以下「精神障害者」という。）のうち18歳以上である者並びに治療方法が確立していない疾病その他の特殊の疾病であって政令で定めるものによる障害の程度が厚生労働大臣が定める程度で

ある者であって18歳以上であるものをいう。

2　この法律において「障害児」とは、児童福祉法第4条第2項に規定する障害児をいう。

3　この法律において「保護者」とは、児童福祉法第6条に規定する保護者をいう。

4　この法律において「障害支援区分」とは、障害者等の障害の多様な特性その他の心身の状態に応じて必要とされる標準的な支援の度合を総合的に示すものとして厚生労働省令で定める区分をいう。

〈児童福祉法〉

第4条　この法律で、児童とは、満18歳に満たない者をいい、児童を左のように分ける。

一　乳児　満1歳に満たない者

二　幼児　満1歳から、小学校就学の始期に達するまでの者

三　少年　小学校就学の始期から、満18歳に達するまでの者

2　この法律で、障害児とは、身体に障害のある児童、知的障害のある児童、精神に障害のある児童（発達障害者支援法（平成16年法律第167号）第2条第2項に規定する発達障害児を含む。）又は治療方法が確立していない疾病その他の特殊の疾病であつて障害者の日常生活及び社会生活を総合的に支援するための法律（平成17年法律第123号）第4条第1項の政令で定めるものによる障害の程度が同項の厚生労働大臣が定める程度である児童をいう。

このように法律のうえでは、18歳以上を障害者といい、18歳未満が障害児なのです。そして、注意して欲しい点がもう一つあります。障

害者総合支援法では、「治療方法が確立していない疾病その他の特殊の疾病」が難病として障害に加えられ、障害福祉サービスの利用が可能になったという点です。これは2013（平成25）年4月から始められたことで、当時はギラン・バレー症候群やTSH産生下垂体腺腫、筋萎縮性側索硬化症等の130疾患が対象とされ、2019（令和元）年7月1日から対象疾病は361疾患へと拡大されています。

## （2）法律によって変わる障害者の範囲

　障害者基本法で使っている「障害者」は年齢に関係なく、障害児も障害者も含む言葉として使われています。それに対し、障害者総合支援法で用いる「障害者」は18歳以上であること、身体障害者であれば、厚生労働省が示す別表に記された障害の状態を満たしていて、なおかつ身体障害者手帳を所持している者だけが「障害者」となっています。このように、法律上の障害者とは、一定の条件を満たしていなければいけないのです。その条件に少しでも達していないものは障害者として認定されず、児童発達支援や就労継続支援といった障害者総合支援法に定められた障害福祉サービスを、1割の自己負担で利用することはできません。

　筆者は以前、公立のこども専門の医療機関に勤務し、難聴が疑われる子どもたちの聴力検査や言語検査を行っていました。両側の耳の平均聴力が70dBを超えれば聴覚障害として身体障害者手帳の申請が行えますが、平均聴力が60dBであれば、聴覚障害とは認定されず、当然ですが身体障害者手帳の申請は行えません。60dBの聴力であっても背後から声をかけられた時には気がつきにくく、日常的に聞き返しが多くなり、「拍手」を「握手」と聞き違えるようなことが起こり、話者

の意図が理解しにくくなるといった生活上の困りごとが出てくることがあります。確かに70dBの方が聴こえの状態は良くないのですが、60dBでも生活上の困難があります。

この場合は、聴力が70dBの子どもだけが聴覚障害と認定され、障害福祉サービスを受けることができます。勿論、聴力が60dBの子どもも希望すれば障害福祉サービスを利用することは可能ですが、その場合の費用負担は10割になり、聴覚障害と認定された70dBの子どもの費用負担は１割ということになります。ただし、具体的な負担は保護者の所得で負担額が変わることがあります。

なぜ、このようなことが起こるのでしょう。現状の制度では、障害者や障害児は「支えられる存在」とみなされ、そこに公費が使われるようになっています。そのため、公費を使うのであるから、一定の障害のレベルに達していないと公費は使えないと考えています。

「閾値（いきち）」という言葉をご存知でしょうか。心理学や生理学では「いき値」、物理学では「しきい値」と呼ばれる学術用語で、ある反応を引き起こさせる最低限の刺激値のことをいいます。この意味がわかると理解しやすいと思います。障害の認定においては一定の閾値があり、それを超えなければ障害として認定されないのです。

## （3）障害のある人を支援する担当課はどこだろう？

障害福祉の担当課といっても、役所の仕組みは、それぞれの自治体で特徴があるので、一概に「障害福祉課」が障害福祉の担当課です、とはいえません。東京都内のＡ区は「障害者福祉課」という部署があり、そのなかに５つの係が置かれています。

図1-19　A区の障害者福祉課の事務所掌

| 係の名称 | 役割 |
|---|---|
| 障害者福祉係 | 障害者の保健福祉施策の企画、調整<br>障害者団体等の育成<br>障害者サービスの苦情解決、相談<br>民間サービス提供事業者の育成<br>障害者の意思疎通支援等の普及、啓発 |
| 障害者支援係 | 障害支援区分調査、認定<br>障害者地域自立支援協議会の庶務<br>障害者、障害児の相談支援<br>障害者に係るケアマネジメント従事者及び介護従事者の育成<br>障害者の就労支援<br>障害者虐待防止センターの運営<br>障害者総合支援法、児童福祉法（給付に関することを除く。）に係る総合支所との調整 |
| 障害者支援事業所係 | 障害福祉サービス事業者の指導・監査<br>自立支援給付、障害児通所給付等の経理 |
| 障害者給付係 | 心身障害者福祉手当、紙おむつ、タクシー券等の給付<br>身体障害者手帳、愛の手帳、精神障害者保健福祉手帳の全体調整<br>自立支援医療費等各種医療費助成等の経理<br>障害者総合支援法、児童福祉法（給付に関すること。）に係る総合支所との調整、経理 |
| 障害者施設係 | 障害者住宅の管理運営<br>障害保健福祉センターの管理運営<br>児童発達支援センターの管理運営<br>障害者支援ホームの管理運営<br>精神障害者地域活動支援センター等の管理運営<br>障害者グループホームの管理運営<br>障害者施設等に関すること |

　一方、千葉県のB市では社会福祉課が、地域福祉の推進から民生委員・児童委員、社会福祉団体、社会福祉法人の設立等の許可・認可及

び指導監査、戦傷病者及び戦没者遺族等、生活困窮者自立相談、住居確保給付金事務、福祉事務所、身体障害者、知的障害者、精神障害者、心身障害者扶養年金、福祉作業所、障害児通園施設、福祉サービス事業、生活保護法に基づく援護措置という広い領域を、社会福祉係、障害福祉係、保護係という3つの係体制で受け持っています。ここにある保護係とは生活保護を担当している係なので、B市の社会福祉課は障害福祉全般から生活保護まで、実に広い領域を担当していることがわかります。

図1-20　B市の事務所掌

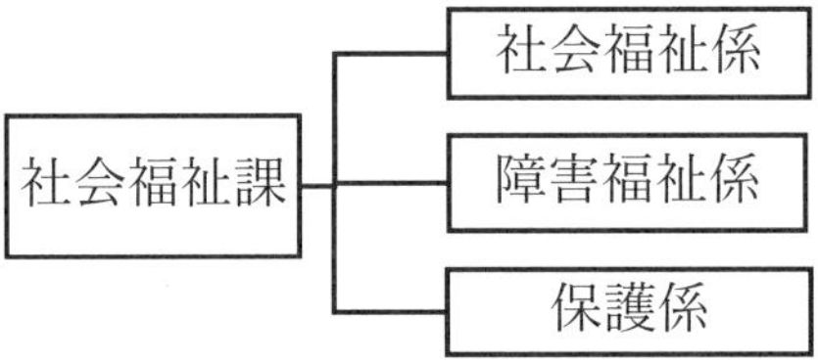

## （4）相談支援の資格ってどんなもの？

　一般的に、日常生活のなかで困難を抱え、生活のしづらさを感じている人たちの相談支援にあたる役割をもつ人をソーシャルワーカーといいます。病院等の医療機関で相談支援にあたる人を「医療ソーシャルワーカー（MSW）」といい、特に精神科で相談支援にあたる人を「精神科ソーシャルワーカー（PSW）」と呼んでいます。行政では、生活や障害、介護等の相談援助を行う役割の人をケースワーカーといいます。よく「ソーシャルワーカーとどこが違うの？」と問われますが、相談支援を行う職員ということでは基本的には同じ役割をもっているといえます。違いは、ソーシャルワーカーの方が幅広い概念で、ケー

スワーカーは主に行政のなかで相談支援にあたる役割をもつ職員のことをいいますから、ケースワーカーはソーシャルワーカーに含まれるものととらえることができます。

　相談支援職の資格としては社会福祉士と精神保健福祉士があります。また、社会福祉主事という任用資格もあります。社会福祉士や精神保健福祉士が受験資格を得たのちに国家試験に合格することで資格を取得できるのに対して、任用資格は一定の科目を修了することで取得できるという違いがあります。

## （5）いよいよ相談開始

　さて、いよいよ窓口で相談を受けることになります。実際に困難を抱えている本人が来ることもあれば、本人ではなく家族が来る場合もあるでしょう。本人が来たといっても、行政の支援に対して否定的な思いをもっていて、家族に勧められたから来てみたという人だっているでしょう。当然ですが、すすんで来た人もいれば、いやいや来てしまったという人もいるかもしれません。単に市民が相談に来たというのではなく、それぞれの市民が個人として、ある思いをもって来たのですから、その思いを受け止めるようにすることが大切です。

　バイステックの7原則ということを聞いたことがあるかもしれません。これはアメリカの社会学者バイステックが『ケースワークの原則』（誠信書房刊）のなかで対人援助技術の基本として提唱したものです。「個別化の原則」「意図的な感情表現の原則」「統制された情緒関与の原則」「受容の原則」「非審判的態度の原則」「自己決定の原則」「秘密保持の原則」の7つですが、これらは基本的なものとして身につけているという前提ですすめ、解説は省略しますので、その原則に以下の

ような心構えを付け加えてください。

## ア　笑顔で対応しましょう

　丁寧な言葉遣いも必要でしょうが、重視すべきは笑顔です。深刻な相談もあるでしょうが、まずはその人を笑顔で迎えましょう。どんな相談なのかわからないのだから、表情を出さずに相談を始めるべきと思うのはよくありません。様々な思いをもってたどり着いた人もいるはずです。だから、無表情で対応することはよくありません。まず、相談に来た人が、勇気を振り絞って行政の窓口に足を運んで来てよかったと思えるような笑顔で出迎えましょう。そして、帰るときには、ここに来て相談ができてよかったと思っていただかないといけません。その為には笑顔が必要なのです。筆者は勤務中にトイレに行ったときには必ず自分の笑顔を壁の鏡で確認していました。

## イ　適度な頷きも忘れずに

　コロナ禍のなか、遠隔会議システムを使った会議や研修が増えたのではないでしょうか。自宅にいながら参加できるので便利ですが、使い慣れてくると、無表情な顔が並んでいる画面に違和感をもった方もいると思います。実は、こうしたなかで頷く動作を誰かが行うことで、違和感は親しみや仲間意識に変わり、会議への参加意欲も増したのではないでしょうか。このように、頷きがあることで、参加しているという意識は高まっていきます。このことは相談の場面でも同様なのです。話を聞きながら、「そうなんですか」と言い終わらぬうちに頷くのです。こうした非言語的な対応は相談に来た人に安心を届けるだけではなく、自分の思いを受け止めてくれているという信頼感にもつながっていくはずです。

## ウ　尊重しつつ好奇心をもちましょう

　相手に好奇心をもっていいの？　きっとそう思うでしょう。筆者は、これは必要なマナーだと考えています。当然ですが、好奇心のあまり、詮索に走ってはいけません。また、質問を続け、最後には詰問するような調子になってもいけません。やっと、行政の窓口にたどり着いたのかもしれません。平気な素振りをしているように見えても、不安な気持ちを抑えながら一生懸命に担当者の前に座っているのかもしれません。だからこそ、関心をもち、「あなたの今の状態からニーズを見つけ出し、それに合うような支援や障害福祉サービスを提供したいのです。だから、これまでの体験を教えてください」というつもりで対応しましょう。これが、尊重しつつ好奇心をもつということです。

## （6）知っておくべき基礎知識

## ア　職業倫理を遵守しましょう

　多くの専門職団体は倫理綱領というものを定め、専門職としての職責を果たそうとしています。社会福祉専門職団体協議会でも2005（平成17）年にソーシャルワーカーの倫理綱領を制定しています。これは前文と原理、倫理基準からなりますが、ここでは原理だけを紹介します。

①人間の尊厳

　ソーシャルワーカーは、すべての人々を、出自、人種、民族、国籍、性別、性自認、性的指向、年齢、身体的精神的状況、宗教的文化的背景、社会的地位、経済状況などの違いにかかわらず、かけがえのない存在として尊重する。

②人権

　ソーシャルワーカーは、すべての人々を生まれながらにして侵すことのできない権利を有する存在であることを認識し、いかなる理由によってもその権利の抑圧・侵害・略奪を容認しない。

③社会正義

　ソーシャルワーカーは、差別、貧困、抑圧、排除、無関心、暴力、環境破壊などのない、自由、平等、共生に基づく社会正義の実現をめざす。

④集団的責任

　ソーシャルワーカーは、集団の有する力と責任を認識し、人と環境の双方に働きかけて、互恵的な社会の実現に貢献する。

⑤多様性の尊重

　ソーシャルワーカーは、個人、家族、集団、地域社会に存在する多様性を認識し、それらを尊重する社会の実現をめざす。

⑥全人的存在

　ソーシャルワーカーは、すべての人々を生物的、心理的、社会的、文化的、スピリチュアルな側面からなる全人的な存在として認識する。


　国家公務員には国家公務員倫理法と国家公務員倫理規程があります。国家公務員倫理法といっても、公務に対する国民の信頼を確保することを目的とした法律で、国家公務員倫理規程とは「利害関係者」との付き合いにおいて国家公務員が守るべきルールを定めているものですから、ソーシャルワーカーの倫理綱領とは少し趣が違います。地方公務員については、国家公務員のような倫理法や倫理規程はなく、地方公務員法に「服務の根本基準」が定められ、「全体の奉仕者」として職務に専念することが定められています。

　そのほかに地方公務員法には「法令等及び上司の職務上の命令に従う義務（第32条）」「信用失墜行為の禁止（第33条）」「秘密を守る義務（第34条）」「職務に専念する義務（第35条）」「政治的行為の制限（第36条）」「争議行為等の禁止（第37条）」「営利企業の従事等の制限（第38条）」が定められ、服務上の制約を課しています。

## イ　自治体の人口動態や年次推移には目を通す

　人口には住民基本台帳人口と常住人口の２種類があります。住民基本台帳人口は自治体の住民基本台帳に記録されている人口で、常住人口とは国勢調査の基準日時点で自治体に住んでいる（日本人・外国人問わず）人口を基に毎月の住民基本台帳の増減を加減したものです。自治体のＨＰでは総人口だけではなく、15歳未満の年少人口、15歳〜64歳までの生産年齢人口、65歳以上の高齢者人口の年齢三区分別人口も公表しているので、こうした数字の過去20年間分も眺めてみましょう。そうすると、自分が勤務している自治体の人口が増加傾向にあるのか、減少傾向にあるのかということが理解できます。

## ウ　生活のしづらさを理解しましょう

　「生活のしづらさなどに関する調査」は厚生労働省が実施する全国規模の調査です。以前は「全国在宅障害児・者等実態調査」といっていたもので、障害者施策の推進に向けた検討の基礎資料とするためのものです。

　方法は国勢調査の調査区から2,400の調査区を無作為に選び、調査員が調査地区内の世帯を訪問し、調査の趣旨等を説明のうえ、調査対象者がいる場合は、調査票を手渡し、記入したのちは郵便による返送を依頼するという自計郵送方式で行っています。

　直近では2016（平成28）年に行われています。

　ここで注目したいのは、障害者手帳をもっていない対象者に、なぜもたないのかと問うたときの回答です。

図1-21　障害者手帳をもたない理由

| | 総数 | | 65歳未満 | | 65歳以上<br>（年齢不詳を含む） | |
|---|---|---|---|---|---|---|
| **総数** | 100.0% | (1,465) | 100.0% | (325) | 100.0% | (1,140) |
| 障害の種類や程度が基準にあてはまらない | 38.7% | (567) | 44.0% | (143) | 37.2% | (424) |
| 手帳の制度や取得手続きが分からない | 12.3% | (180) | 13.2% | (43) | 12.0% | (137) |
| 特に手帳がなくても困らない | 17.3% | (254) | 11.7% | (38) | 18.9% | (216) |
| 手帳を持ちたくない | 1.7% | (25) | 2.5% | (8) | 1.5% | (17) |
| その他 | 9.8% | (144) | 14.8% | (48) | 8.4% | (96) |
| 不詳 | 20.1% | (295) | 13.8% | (45) | 21.9% | (250) |

※括弧内は有効回答数に基づく集計結果である。

出典：厚生労働省「平成28年度　生活のしづらさなどに関する調査結果」

　回答では、当人の状況が障害者手帳（この場合は、三障害のそれぞれの手帳を包括したものとして使用されている）の基準にあてはまらないということが最も多いことや、手帳を持ちたくないという人よりも、手帳の制度や取得手続がわからないという人の方が多いという結果になっています。

　また、この調査では困ったときの相談相手は誰かという設問もあり、相談相手がいる者では「家族」と答えた者の割合が最も高く、65歳未満では70.5％、65歳以上では74.1％となっています。療育手帳所持者の場合は「福祉サービス提供事業所等」が39.9％、その次が「行政機関」となり29.3％です。身体障害者手帳所持者、精神保健福祉手帳所持者、手帳を持ってはいないが自立支援給付等を受けている人では「行政機関」が「家族」に次ぐ第2位であることがわかります。まだまだ行政が相談先としては期待されていることが、この結果からは理解できますので、相談があったときには行政としてしっかりと受け止

め、わかりやすく制度の説明をしましょう。

## エ　「やさしい日本語」を使おう

　この「やさしい日本語」とは、日本で暮らす、あるいは日本を訪れた外国人への情報提供の手段として取り組まれているものなので、これは障害福祉に関係はないのでは、と言われそうですが、大いに関係があります。知的障害者のなかには、やさしい日本語であれば理解できるという人が多くいます。今まで、障害者向けとして出される印刷物は、すべての漢字にフリガナを付ける「総ルビ版」が一般的でした。こうすれば確かに漢字が読めるようになる人は増えるでしょう。でも、読めることと書いてある内容が理解できるということは別物です。

　このやさしい日本語に早くから取り組んでいるのがNHKです。外国人や小学生など、難しい日本語がわからない人にニュースをわかりやすく伝えるウェブサイト「NEWS　WEB　EASY」を2012（平成24）年から始めています。

　やさしい日本語のコツは3つです。

　1　文章を短くする

　2　伝えたいことを最初にいう

　3　書き換えたものを客観視する

　さっそく上記3つのコツを実践してみましょう。

## オ　障害のとらえ方を理解しよう

　「機能障害・能力障害・社会的不利の国際分類」（ICIDH）を知っていますか。これは1981（昭和56）年の国際障害者年の前年にあたる1980（昭和55）年、WHOが発表した障害という状態を理解するためのモデルです。ICIDHでは疾患等によって機能・形態障害が起こ

ると、それが能力障害を生み出し、さらに社会的不利を起こしていくことを示しています。例えば、脳血管疾患になると手足が動かなくなるという機能障害が起こり、そのことで歩行や日常生活行為がこれまでのように行えないという能力障害が生じ、その結果として職を失うというような社会的不利な状態になるという経過をたどります。ＩＣＩＤＨでは、このように障害という状態はいくつかの状態が階層構造になっていることを示したということでは画期的なものでした。

図1-22　ＩＣＩＤＨ：ＷＨＯ国際障害分類（1980）の障害構造モデル

Disease or Disorder　→　Impairment　→　Disability　→　Handicap

　　（疾患・変調）　　　（機能・形態障害）　（能力障害）　　（社会的不利）

　一方で、障害があるという状態をマイナスなものととらえているという批判等が寄せられたことからＷＨＯは1990（平成２）年に改定に取り掛かり、2001（平成13）年に「生活機能・障害・健康の国際分類」（ＩＣＦ）を発表しました。このＩＣＦは障害のマイナス面よりもプ

図1-23　ＩＣＦ：ＷＨＯ国際生活機能分類（2001）の生活機能構造モデル

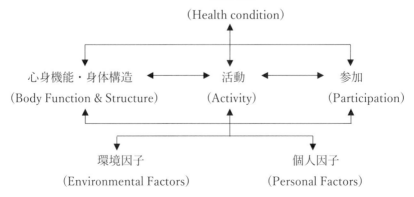

ラス面を重視し、表現では中性的なものになりました。「機能障害」は「心身機能・構造」と、「能力障害」は「活動」と、「社会的不利」は「参加」と表現し、これらが障害された状態を、それぞれ「機能・構造障害」「活動制限」「参加制約」であると考えました。これまでのICIDHが障害者だけを対象としていたのに対し、ICFは障害の有無に関係なくすべての人の状態の評価を可能にしました。

　これで障害福祉の担当になり、「目の前で困っている人を支えたい」という思いで障害児・者の相談支援にあたる前に知っておくべき基礎知識は理解できました。あとは職場で作っている「障害福祉のしおり」を参考に、相談にあたってください。でも、「障害福祉のしおり」を繰り返して見ても、「制度がないからできません」と答えるしかないときがあるでしょう。国や自治体の制度で対応できないのであれば、インフォーマルサービスで対応できないかということを同僚や上司に相談するようにしましょう。

# 4　入所者の地域生活への移行支援

## （1）「地域移行支援」「地域定着支援」の概要

　地域移行という流れを大きく加速する障害者自立支援法の改正が2010（平成22）年に行われました。これによって相談支援は4種類に再編され、2012（平成24）年4月から施行されました。

　「地域相談支援」は、障害者自立支援法の改正によって創設されたサービスで、「地域移行支援」と「地域定着支援」からなります。「地

図1-24　相談支援体制

| | 市町村による相談支援 | 計画相談支援 | 障害児相談支援 | 地域相談支援 |
|---|---|---|---|---|
| 実施主体 | 市区町村 | 指定特定相談支援事業者 | 指定特定相談支援事業者 | 指定一般相談支援事業者 |
| 事業者指定 | ― | 市区町村 | 市区町村 | 都道府県・指定都市・中核市 |
| 対象者 | すべての障害児・者及びその家族 | 障害福祉サービスを申請した障害児・者地域相談支援を申請した障害者 | 障害児通所支援を申請した障害児 | 【地域移行支援】入所・入院している障害者等【地域定着支援】緊急時等の支援体制が必要な障害者 |
| サービス内容 | 日常生活等に関する相談、情報提供自立支援協議会の設置 | サービス利用支援継続サービス利用支援 | 障害児支援利用援助継続障害児支援利用援助 | 地域移行支援地域定着支援 |

出典：千葉市「相談支援の手引き」

域移行支援」は、入所施設や精神科病院等からの退所・退院において
支援を要する人に、入所施設や精神科病院等における地域移行の取組
と連携して地域移行に向けた支援を行うものです。「地域定着支援」は、
入所施設や精神科病院から退所・退院して単身で生活する障害者、さ
らには家族との同居生活から一人暮らしに移行した者、地域生活が不
安定な者等に対し、常時の連絡体制の確保や緊急時の相談支援を行う
ものです。

## （2）自治体の職員が「地域移行支援」「地域定着支援」に出会うとき

　「地域移行支援」「地域定着支援」に自治体の職員が向き合うのは、
多くの場合は3年ごとに作成することが義務付けられている障害福祉
計画の策定のときです。障害福祉計画では成果目標やサービス提供の
見込み量を記載することになるので、この計画の作成過程で、この成
果目標をどうしようかということで頭を悩ませた経験が筆者にもあり
ます。

　ここでは千葉県鎌ケ谷市が策定した第6期鎌ケ谷市障がい者計画
と、隣接する松戸市の第6期松戸市障害福祉計画の当該部分を紹介し
ます。この記載からは自治体がどのような過程で見込み量を出してい
るのかということが少しは理解できると思います。

　図1-25が鎌ケ谷市の計画で、図1-26が松戸市の計画です。どちら
の自治体も、地域生活移行者も施設入所者削減の目標の数値も国の指
針に沿って目標の数値を算出し、それを記載しています。国の指針と
は「障害福祉サービス等及び障害児通所支援等の円滑な実施を確保す
るための基本的な指針」のことで、そこには「市町村及び都道府県は、
障害者総合支援法や児童福祉法の基本理念を踏まえつつ、次に掲げる

図１-25　第６期鎌ケ谷市障がい者計画

## 障がい者福祉の充実のための成果目標

### 1　福祉施設から地域生活への移行

■成果目標の考え方

| | |
|---|---|
| 国の指針 | (1) 令和元年度末時点の入所者数の6%以上が地域生活へ移行する。<br>(2) 令和5年度末時点の施設入所者数を令和元年度末時点の施設入所者数から1.6%以上削減することを基本とする。 |
| 鎌ケ谷市の方針 | 国の基本指針や県の方針を踏まえた上で、鎌ケ谷市の実績や実情を加味して設定する。 |

| 項目 | 数値 | 備考 |
|---|---|---|
| 令和元年度末時点の施設入所者数 | 49人 | 令和元年度末の人数 |

■成果目標

| 項目 | 数値 | 備考 |
|---|---|---|
| (1) 地域生活移行者 | 3人 | 令和5年度末までに地域生活へ移行する人の目標人数<br>令和元年度末時点の施設入所者数の6%以上にあたる3人を設定 |
| (2) 施設入所者の削減 | 1人 | 令和5年度末までに削減する施設入所者数<br>令和元年度末時点の施設入所者数の1.6%以上にあたる1人を設定 |

出典：鎌ケ谷市HPより

図１-26　第６期松戸市障害福祉計画

（1）福祉施設入所者の地域生活への移行

| 項目 | | 目標数値 | 国の基本方針 |
|---|---|---|---|
| 施設入所者数 | 令和元年度末時点の施設入所者施設入所者（基準値） | 268人 | |
| | 令和5年度末入所者数（目標値） | 260人 | |
| | 入所削減見込数 | 8人<br>(3.0%) | 令和元年度末時点の施設入所者から1.6%以上削減する |
| 移行者数 地域生活 | （目標値） | 17人<br>(6.3%) | 令和元年度末時点の施設入所者の6%以上が地域生活へ移行することを目指す |

　令和5年度入所者数の目標値は、令和2年度末の施設入所者数を264人と仮定し、前期計画で達成できなかった3人と国の基本方針に定められた1.6%の削減人数を合わせた8人とします。
　本計画では、障害のある人等の状態やニーズに合わせた地域生活への移行ができるように、居住の場としてのグループホーム及び一般住宅等について、障害があっても慣れ親しんだ地域で生活することができるような体制を整備していきます。

出典：松戸市HPより

点に配慮して、総合的な障害福祉計画等を作成することが必要である」
と記し、それぞれの障害福祉サービスの内容や成果目標を設定するこ
とが求められています。例えば、入所者の地域移行については以下の
ように成果目標が定められています。

---

1．福祉施設の入所者の地域生活への移行

　地域生活への移行を進める観点から、令和元年度末時点の福祉施設に
入所している障害者（以下「施設入所者」という。）のうち、今後、自
立訓練事業等を利用し、グループホーム、一般住宅等に移行する者の数
を見込み、その上で、令和5年度末における地域生活に移行する者の目
標値を設定する。その際、福祉施設においては、必要な意思決定支援が
行われ、施設入所者の地域生活への移行等に関し、本人の意思が確認さ
れていることが重要である。当該目標値の設定に当たっては、令和元年
度末時点の施設入所者数の6パーセント以上が地域生活へ移行すること
とするとともに、これに合わせて令和5年度末の施設入所者数を令和元
年度末時点の施設入所者数から1.6パーセント以上削減することを基本
とする。

　当該目標値の設定に当たっては、令和2年度末において、障害福祉計
画で定めた令和2年度までの数値目標が達成されないと見込まれる場合
は、未達成割合を令和5年度末における地域生活に移行する者及び施設
入所者の削減割合の目標値に加えた割合以上を目標値とする。

---

　このような数値目標が具体的に記されている部分は、「障害福祉サー
ビス等及び障害児通所支援等の円滑な実施を確保するための基本的な
指針」のなかには5か所しかありません。福祉施設入所者の「地域生
活移行率」、福祉施設入所者の「削減率」で2つ、他の3つは精神科

病床の「早期退院率」です。なぜ、この領域だけに数値目標が設定されるのでしょうか。他の項目で設定されていないのに、この領域にだけ数値目標が定められていることは、その達成が難しいことを示しているのではないでしょうか。

　実際に上記の２つの自治体の実績値をみると、これがなかなか進んでいないことがわかります。

　図１-27は千葉県鎌ケ谷市、図１-28は松戸市の実績値と見込量を示したものです。松戸市では「地域移行支援」も「地域定着支援」も行われていますし、鎌ケ谷市も見込量を設定していますが、「地域移行支援」も「地域定着支援」も実績値は極めて低いものになっています。松戸市の計画書のなかの「現状と課題」では「地域移行支援、地域定着支援の利用者数は減少傾向です」と記し、「見込量確保のための方策」としては「地域移行支援、地域定着支援のサービスは、ニーズを把握しながら供給体制を整備します」と記しています。障害者が入所施設や精神科病院を出て地域で暮らすということは、まだまだ難しいようです。

　こうした現状に対する厚生労働省の考え方は、毎年３月に厚生労働省で開催されている障害保健福祉関係主管課長会議の資料に示されています。2020（令和２）年３月に開催された同会議では、「地域相談支援の利用実績がない若しくは低調な理由については、複数の要因があると推測されるところであるが、障害者支援施設や精神科病院等からの地域移行は、障害福祉計画における継続した課題となっていることから、都道府県並びに市町村においては、地域相談支援の積極的な活用を検討願いたい」とあるように、厚生労働省はいろいろな要因を解決することよりは地域相談支援＝地域移行支援・地域定着支援を利用してください、とお願いすることに徹しているようです。

## 図1-27　第6期鎌ケ谷市障がい者計画

**■見込み量**

　計画相談支援については、第5期計画期間の利用実績が増加傾向であることから、毎年度8人の増加を見込みます。また、地域移行支援については令和2年度の利用実績の見込で1人、地域定着支援については、実績はありませんでしたが、将来の需要を勘案して、地域移行支援は毎年度1人の増加を、地域定着支援は令和5年度に1人の増加を見込みます。

※()内はうち精神障がい者の見込み

| 計画値 | | 第5期計画 | | | 第6期計画 | | |
|---|---|---|---|---|---|---|---|
| | | 平成30年度 | 令和元年度 | 令和2年度 | 令和3年度 | 令和4年度 | 令和5年度 |
| 計画相談支援 | 実利用者数(1月あたり) | 110人 | 115人 | 120人 | 148人 | 156人 | 164人 |
| 地域移行支援 | 実利用者数(1月あたり) | 1人 | 1人 | 1人 | 2人(1人) | 3人(1人) | 4人(1人) |
| 地域定着支援 | 実利用者数(1月あたり) | 1人 | 1人 | 1人 | 1人(1人) | 1人(1人) | 2人(1人) |

| 実績値 | | 第5期計画（令和2年度は実績見込） | | |
|---|---|---|---|---|
| | | 平成30年度 | 令和元年度 | 令和2年度 |
| 計画相談支援 | 実利用者数 | 132人 | 148人 | 140人 |
| 地域移行支援 | 実利用者数 | 0人 | 0人 | 1人 |
| 地域定着支援 | 実利用者数 | 0人 | 0人 | 0人 |

出典：鎌ケ谷市HPより

## 図1-28　第6期松戸市障害福祉計画

### （5）相談支援事業（個別給付支援事業）

| サービス名 | サービスの概要 |
|---|---|
| 計画相談 | 障害のある人等や家族、介護を行う人等からの相談に応じて、必要な情報提供や助言、権利擁護のための必要な援助等を行います。 |
| 地域移行支援 | 入所施設や精神科病院に入所・入院している障害のある人等に対し、住居の確保や地域生活への移行に関する相談等を行います。 |
| 地域定着支援 | 居宅で単身等で生活している障害のある人に対し、常時連絡体制を確保し相談・緊急時支援を行います。 |

**サービスの推移と見込**

| サービス名 | | 単位 | 第4期 | 第5期／第1期実績 | | | 第6期／第2期見込量 | | |
|---|---|---|---|---|---|---|---|---|---|
| | | | 平成29年度 | 平成30年度 | 令和元年度 | 令和2年度 | 令和3年度 | 令和4年度 | 令和5年度 |
| 計画相談 | | | | | | | | | |
| | 障害者 | 人/年 | 1,627 | 1,762 | 1,717 | 1,764 | 1,812 | 1,861 | 1,912 |
| | | 人/月 | 261 | 294 | 324 | 361 | 402 | 448 | 499 |
| | 障害児 | 人/年 | 437 | 491 | 513 | 556 | 602 | 652 | 707 |
| | | 人/月 | 114 | 105 | 107 | 109 | 111 | 113 | 115 |
| 地域移行支援 | | 人/年 | 12 | 9 | 3 | 2 | 2 | 4 | 6 |
| 地域定着支援 | | 人/年 | 4 | 2 | 0 | 2 | 2 | 4 | 4 |

出典：松戸市HPより

　こうしたなかでも地域生活支援の歩みを続けているのが大分県です。地域移行支援・地域定着支援を着実に進めており、その実践は大分県自立支援協議会地域移行専門部会から事例集として公表されています。ぜひ、自治体の担当者は目を通していただきたいものです。「こうして進めればいいのか」「これだったらできそうだ」と思える内容になっています。実は、大分県は介護予防の領域でも着実に成果を積み重ねているところです。これは、一村一品運動を最初に始めた平松守彦前知事のDNAが行政にも地域にも引き継がれているからなのかもしれません。

## （3）「地域移行支援」「地域定着支援」の仕組みをもう少し詳しく知ろう

　まずは制度の基本を理解しておかなければなりませんので、ここで制度について確認をしておきましょう。

　地域移行支援というサービスを提供するのは、指定一般相談支援事業者です。図1-24のいちばん右にある「地域相談支援」に位置付けられ、事業者の指定は都道府県知事（指定都市市長、中核市市長）が行います。ここでいう「指定」とは「総合的に相談支援を行う者として厚生労働省で定める基準に該当する者」であることを認め、相談業務を行っていいと認可することをいいます。

### ア　指定一般相談支援事業者が行う地域移行支援業務の内容

　地域移行支援計画の策定のために行うのは、主に以下の4つです。

①利用者に面接し、アセスメントを実施

②アセスメントや利用者の希望から支援内容を検討し、地域移行支援計画案を作成

③計画作成会議の開催

④それまでの意見等を加味して地域移行支援計画を作成

地域生活に移行するための支援は主に以下の４つです。

①住居の確保や、地域生活に移行するための活動等に関する相談

②外出の際の同行

③障害福祉サービスの体験利用の支援

④宿泊体験の支援

　ここで、もう一度図１-24「相談支援体制」を見てください。対象者の欄に「地域相談支援を申請した障害者」とあります。これが意味するところは、地域移行支援や地域定着支援の利用を希望する人は、「計画相談支援」を利用することが必要になるということです。

　地域生活支援（具体的に「地域移行支援」「地域定着支援」）というサービスを利用するのであれば、その前に指定特定相談支援事業者が作成するサービス等利用計画のなかに「地域相談支援」が必要なサービスとして書き込まれていなければなりません。自治体は、このサービス等利用計画を見て、必要なサービスを知り、そのサービスの支給決定（利用しても大丈夫ですという決定）を行います。

## （4）行政としてのかかわり方

　行政のかかわりとしては、次の２つを忘れないようにしましょう。

### ア　サービス担当者会議やモニタリングへの参加

　障害福祉サービスの利用申請のときには、正しい情報をわかりやす

く伝えること、やさしい日本語で話をすることは重要です。また、障害支援区分についても、今後、障害福祉サービスの利用の可能性があれば、障害支援区分の認定を受けることをすすめることも大切です。もし、当事者が65歳以上で、地域生活に移行した場合に介護保険制度のサービスの利用が見込まれているのであれば、担当課に介護保険サービスの利用について相談させていただく人がいますという連絡を入れておくようにしましょう。これは、行政の内部でのことですが、行政は地域の関係者とも顔見知りになること（＝顔が見える関係づくり）が大切です。そのための重要な機会になるのがサービス担当者会議です。

　このサービス担当者会議とは、本人や家族、施設や病院の関係者、指定特定相談支援事業所（計画相談を担当）、指定一般相談支援事業所（地域移行支援を担当）の相談支援専門員や障害福祉サービスの提供事業者等が参加します。ここでは指定特定相談支援事業所の相談支援専門員が会議の進行を担当し、本人の希望に添って作成したサービス等利用計画を示します。そこでは全体的な支援の方針、中長期的な支援目標、本人と事業者等の役割を確認し、今後の支援のあり方、すすめ方について合意を形成します。

　指定一般相談支援事業者が作成した地域移行支援計画には、本人への支援の内容が示されているので本人にも説明し、同意が得られていれば本人にも渡します。本人が精神科病院に入院中であれば、この地域移行支援計画は病院の看護計画等との整合性がとれるように作成されていることが望まれます。

　こうした会議のなかで行政の担当者には、制度や社会資源の説明という役割があります。例えば、2018（平成30）年度から新たな障害福祉サービスとして「自立生活援助」が創設されたこと、すなわちこの

サービスは地域生活を始めた当事者の支援になること等を説明し、本人の支援に必要だと感じたときには相談してくださいと伝えることも大切です。また、参加者の話を聴きながら、地域にあるサービスの利用のされ方や、その量が十分であるのか、不足しているサービスはないのだろうかということを知る貴重な機会にもなります。

　モニタリングは現在のサービス等利用計画が本人の意向を実現しているのか、本人が望んだ状態に近づいていることを感じているのかということから、支援が本人の活動や生活を目標に近づくことに役立っているのかどうかを評価するものです。

　こうした場に行くことで、関係者の力量や本人の受援力をみることもできるので、毎回でなくてもいいので、時間を作って参加するようにしましょう。

## イ　地域から寄せられる声を、丁寧に受け止める

　住民が高齢化し、施設に入所したりすることで、空き家が増え続けています。他方、そうした家屋を障害者用のグループホームとして活用しようとする業者もいます。こうしたとき、行政に「なぜ、近隣の同意がないのに障害者のグループホームを作るのか」という相談が寄せられることがあります。さらには、障害者が家庭内でトラブルを起こし、警察等が出動したときには、「なぜ、役所は障害者を入院させないのか」といった声が寄せられます。

　2013（平成25）年以前は、自治体のなかには近隣住民の合意が得られないとグループホームの認可をしなかったところが多くありました。そうした状況のなかで、2013（平成25）年、「障害を理由とする差別の解消の推進に関する法律」、通称「障害者差別解消法」が成立しました。成立の際の附帯決議ではグループホームの認可に際して、住民

からの同意を要件としないことを国や自治体に求めました。その結果、近隣住民の同意がなくてもグループホームを作ることが可能になりました。

> 障害を理由とする差別の解消の推進に関する法律案に対する附帯決議
> （衆議院）
> 政府は、本法の施行に当たっては、次の諸点について適切な措置を講ずべきである。
> 五　国及び地方公共団体において、グループホームやケアホーム等を含む、障害者関連施設の認可等に際して周辺住民の同意を求めないことを徹底するとともに、住民の理解を得るために積極的な啓発活動を行うこと。

　筆者も最近、道を挟んだ向かい側の家が改修されて精神障害者のグループホームになることになったが、家には娘がいるので心配だ、という相談を受けたことがありますし、近くに住んでいる発達障害の青年を精神科病院に入院させなくていいのかと住民から問われたことがあります。なぜ精神科病院に入院させたいのですか、と尋ねると、それは治療のためだといいます。一見、その人のことを思ったやさしい言葉ですが、その背後には、その人を地域から排除してしまおう、そうすれば安心できるという思いが透けて見えます。当然ながら、障害福祉主管課に異動して日が浅い職員が一人で対応する問題ではありませんが、もし、そうした市民からの要望を受けたとき、あなたはどうしますか。

　あなたは、この障害者差別解消法のことを説明するかもしれません。でも、説明してもなかなか理解していただけないのはないでしょうか。そんなときは、訴えの詳細を、事実と訴えている人の主観的な判断の

部分とに分けてメモをとり、相手の連絡先をうかがい、現状を担当の者に伝え、こちらでも調査等を行い、判断を担当者、あるいは上司から連絡をさせていただきますと伝えることにしましょう。このとき、あなたの名前と連絡先を伝えることも忘れないようにしましょう。

　地域の障害者支援のための基盤整備をすすめる自立支援協議会のなかには専門部会があり、地域移行をテーマとする専門部会もあるかもしれません。もし、そうした専門部会等で会議が設置されていれば、その議事要旨が職場回覧で届くはずです。そうしたものには必ず目を通し、どのようなメンバーで構成されているのか、今は何が話題になっているのか等については目を通しておきましょう。

# 5　精神障害者の相談支援にあたっての基礎知識と支援方法

　行政機関の相談窓口では、精神障害者自身やその周辺の人々から日々いろいろな相談を受けています。精神障害者の相談といえば、「精神障害者って怖いのでは」「何を言っているかわからない」「対応が大変そう」といったマイナスなイメージをもってしまいがちです。しかし精神障害者であっても、他の相談者と同じように、まずは「精神障害者のAさん」ととらえずに、「Aさんは精神障害である」といったように、疾患や障害に焦点をあてずにその人自身を見て支援を考えることが大切です。これは、どの障害者にも言えることですが、障害の部分や困っている部分だけに目を留めずに、その人自身やその人の周囲にも目を向けていくことが相談援助の基本になります。

　ここでは精神障害者の支援方法について、普及啓発や障害者支援のポイントについてまとめました。

## 💬 （1）ストレス社会と精神疾患

　ストレス社会といわれる現代で生活する私たちは、「心の病」を誰でもが発症する可能性を秘めています。市区町村の窓口にも毎日いろいろな人が相談に来られているのではないでしょうか。しかし、心の病といわれる精神疾患は、実は脳の病気で脳神経に障害が生じことによって起こる病気です。そのため、精神疾患としてイメージされる統合失調症、うつ病、不安障害だけでなく、認知症なども精神疾患に含まれます。さらに、精神保健及び精神障害者福祉に関する法律（精神保健福祉法）第5条においては、「「精神障害者」とは、統合失調症、

精神作用物質による急性中毒又はその依存症、知的障害、精神病質その他の精神疾患を有する者をいう」と定義されています。

　また、ストレス社会がもたらす精神疾患を「心の悩み」といったレベルで見ると、精神疾患といわれるものだけではなく、対人援助のストレスや個人的な人生の悩み、近隣トラブルの悩み、病気などによる身体的な悩みからくる不安、経済的な悩みなど様々なものが存在します。そのため、市区町村の相談窓口には、精神障害者や精神科病院に通っている人だけでなく、その人たちを取り巻く周囲への対応も求められます。よって、ストレスへの対処方法や相談者にとって何がストレスになっているかということを理解するアンテナも必要になってきます。さらに相談担当者である私たち自身もストレスとうまくつきあっていくことが大切といえます。

　では、この「心の悩み」の原因となってしまうストレスとは、どのようなものでしょうか。そもそもストレスとは、材料力学上の用語です。物体に外から力をかけ形がゆがんだりするときに内部で生じた応力のことを指していました。それをセリエ（Selye，1907-1982）らがストレスを「外部環境からの刺激によって起こる歪みに対する非特異的反応」と整理しました[1]。ストレスを引き起こす外部環境からの刺激をストレッサーといい、それにより乗じる反応をストレス反応といいます。このストレス反応は、肩こり、頭痛、胃の痛みなど体に現れるものもあれば、イライラ、集中力の低下や考えがまとまらなくなりボーっとするなどの精神的に現れるもの、学校や職場、電車に乗れないといった行動に出るものなどがあります。また、ストレッサーは、辛い出来事だけではなく、引っ越し、職場の異動、一見楽しい出来事に見える昇進、出産、結婚などからも派生します。

　私たちの人生のライフイベントにおいてストレスになりやすいもの

をホームズ（Holmes, T.）が分析したものを一部紹介しましょう[2]。
1位「配偶者の死」、2位「離婚」、3位「別居」、4位「家族の死」、
5位「自分のけがや病気」、6位「離婚」、7位「結婚」、8位「解雇
される」、9位「夫婦の和解」、10位「退職」と続きます。全体的に人
生の後半に多くのストレスを感じる出来事が多いことが言えます。や
はり必ずしも一般的な悪い出来事だけが、ストレスを感じるものでも
ありません。このように私たちは、いろいろな場面でストレスと向き
合いながら生活していますが、ストレスをどのように対処しているの
でしょうか。ラザルス（Lazarus, R.S）が、ストレスコーピングと
いう考え方を示しました[3]。私たちがストレスを受けたときに、まず
自分の経験などに照らし合わせながら、そのストレスにとっての対処
（コーピング）方法が有効だったかなどを過去の経験などを基に評価
し、ストレス反応と向き合い回避方法を探ります。精神障害者支援で
は、ストレスが高い状況の人と一緒にストレス対処方法を考えていく
ことも含まれます。精神障害者は、このストレスコーピングが苦手な
人も多く、どのように対処すればよいか、また自身がストレスを感じ
ていることに気づかない人もいます。さらに、起こってもいない、起
こる可能性もわからないことに対して不安になってしまう予期不安と
言う状況に陥り、どうすればよいかわからなくなる人もいます。その
場合は、現実と不安な状況などと向き合い自分の認知が歪んでいない
かなど確認する認知行動療法が有効です。

## 💬 （2）精神疾患を取り巻く現状

　精神疾患により医療機関にかかっている患者数は、近年大幅に増加
傾向を示しており、2014（平成26）年は392万人、2017（平成29）年

には400万人を超えました。内訳としては、多いものから、うつ病、不安障害、統合失調症、認知症などとなり、近年においては、うつ病や認知症などの著しい増加がみられます。

図1-29　精神疾患を有する総患者数の推移

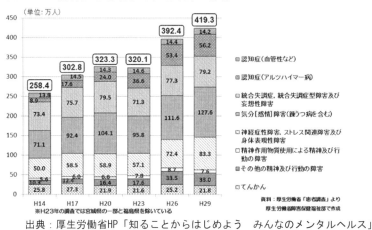

出典：厚生労働省HP「知ることからはじめよう　みんなのメンタルヘルス」

　入院患者の傾向では、統合失調症は地域移行支援などにより、15年前から比較すると34.5万人から30.2万人と減少がみられ、疾患別にみると、約5万人減少しています。一方、高齢化により認知症（アルツハイマー病）が15年前に比べると2.6倍に増加し、認知症全体でみると5万人を超えます。精神科病院に入院している人の数でみると、すべての在院者数のうち6人に1人が精神科病院に在院している計算になります。また、入院日数では、1989（平成元）年の約500日から2017（平成29）年には268日と約220日に減少しました。それでも、欧米の全病床の平均在院日数の29.1日と比較すると精神科病院の入院の長期化は歴然です。国際的にみても日本の精神科病院の平均在院日数が非常に長いですが、近年の新規入院患者の入院期間は短縮傾向

にあり、約９割が１年以内に退院しています。精神障害者領域では、地域移行・地域定着支援が実施されますが、この１年以内に退院できるかどうかという点が大きなポイントとなります。2017（平成29）年度の患者調査によると３か月以内の退院ならば、「退院先が自宅」が76.9%、３か月から１年未満ならば56.5%ですが、１年以上５年未満ならば19.2%にまで下がってしまいます。そのために、長期入院にならないように１年以内で退院させるために地域側でもサポート体制を整えることが求められているのです。

　一方、外来患者の年齢層で見ていくと、65歳以上が全体の約37%を占め、34歳〜54歳までのうつ病などが多い働き盛りの年齢が約30%を占めています。このような状況から、厚生労働省は2011（平成23）年に４大疾病（悪性新生物（がん）、脳血管疾患、虚血性心疾患、糖尿病）に「精神疾患」を加えて５大疾病と指定しました。2017（平成29）年の患者調査においても、精神疾患は419.3万人、悪性新生物（がん）は309.8万人、糖尿病242.9万人、脳血管疾患231.9万人、虚血性心疾患70.7万人です。このことから精神疾患は、誰でもかかる可能性がある疾患であることがわかります。

## （3）精神障害の基準

　精神疾患診断基準などは、医師が診断に使うアメリカの精神医学会が作成した精神障害の診断・統計マニュアル第５版（DSM-5、以下DSM-5とする）、障害年金や障害者手帳の指標となっているWHOが作成した精神および行動の障害―臨床記述と診断ガイドライン（ICD-10、以下、ICD-10とする）が存在します。障害支援を行う分野においては、WHOが作成したICD-10の方が身近です。よく障害年金の等級

は病名で決定するのかという質問がありますが、その時には、「病名で等級が決まるのではなく、毎日の生活上でどれくらい困難があるのかなどその人の行動の支障によって判断される」と伝えるとよいでしょう。

　さらに、どんな時に病院に診察を受ければよいかといった基準においては、その症状によって、本人が困っていること（例：不眠、ひきこもり、倦怠感など）や周囲が困っていること（例：暴力、暴言、徘徊、妄想、ゴミ屋敷など）がある場合は、医療機関に受診相談をしてもらうとよいと思います。ただし、家族からの相談などでは、家族は不安になって「病気でしょうか」という質問をすることがあると思いますが、診断に関することは、医師のみが行える行為なので、疑われる病名が頭に浮かんだとしても伝えることは控えましょう。その時には、本人や周りが困っていることについて、どのように対応すればよいかを話しながら、本人の困っていること、例えば「眠れない」ならば、眠れない辛さに寄り添いながら、眠るための薬を病院にもらいに行くことを提案したり、妄想のために食事がとれていないようならば、体重の減少や栄養失調を理由に一度「健康診断を受けてみましょう」と伝えてもよいでしょう。あくまでも、その本人や家族が心配していることに寄り添いながら、支援を行っていくことが重要になります。また精神疾患は、「障害と疾病を合わせもつ障害」と言われ、日により症状に波があります。今日できている事が、明日はできないこともあります。それは、怠けているのではなく、そういった障害であり、本人がそのために苦労していると言うことを忘れないでください。症状の波についてもう少しお話しすると、誰でも元気だったり、落ち込んだりといった気分の波はあります。しかし、この落ち込んだ気分が、1週間、1か月、半年と続くとしたら、とても辛い状況だと言えます。

このように落ち込み度合いや反対に気分が高揚する状況の揺れが人一倍大きくなってしまうのが、精神疾患の特徴です。私たちの気持ちの揺れ幅が「さざ波」とすると精神障害者の気持ちの揺れ幅は台風のときの「高波」といった程度の差があると想像するとよいでしょう。

## （4）精神障害者の特徴と対応の仕方

　精神障害者への対応を考える時に、「入院へつなげなければ」「入院できるところは」といった考えもよぎるかもしれませんが、それは少し待ってください。確かに、入院も必要な人もいますが、入院の緊急性や必要性がない人も多く、無理やり入院させてしまうと人権侵害といった社会的スティグマ（烙印）を起こしてしまいかねません。スティグマとは、もともとギリシャで奴隷等を示す焼き印の「しるし」「烙印」のことであり、そこから個人の肉体的、性格的、集団的な特徴などに対する否定的な周囲の反応で、多くは深く考えもなく社会的に疎外や差別を行うものになります[4]。そのため、一人で考えずに医療機関などの他機関や精神保健福祉士、保健師などの専門職へつなげて一緒に考えていくことが必要になります。

### ア　目に見えない障害のために理解されにくい

　精神障害は、目で見てすぐにわかる障害ではありません。そのため、周囲から理解されにくい面も多く、精神障害者自身も自身の障害に対して、自身が持つ障害への偏見や理解不足などにより障害受容ができていない人も多いです。さらにアルコール依存症など依存症関連は否認の病ともいわれています。また、精神障害者の支援では、精神疾患の症状の不眠、幻覚妄想、暴力といった直接的な問題だけでなく、こ

の障害により家事などの作業ができなくなったり、貧困問題、食事などの偏りから栄養失調や生死にかかわるといったことなど一見疾患と関係ないと思われる問題にまで対応します。そのために、本人やその周囲にまでしっかりとアセスメントを行い、今何が問題になっているのかということを意識して関わる必要がでてきます。

　筆者が以前関わっていたケースでは、あまりにも痩せているので確認すると、1か月ほど栄養補助食品のゼリー飲料で過ごしていたことがわかり、すぐに内科につなげたということがありました。本人は、栄養はとっているから大丈夫だろう、一度試してみようという気持ちだったということでしたが、ちょっと間違えば命に関わる問題になるところでした。また、調子が悪くなると化粧が濃くなる人もいました。化粧の濃さと言われてもわかりにくいのではと思われるかもしれませんが、油性マジックでアイラインを引くなど、見た目ですぐにわかる状況になります。このようなケースから言えることは、いつもと違う様子やサインを見落とさないということです。

## イ　こだわりがあり臨機応変な対応が苦手

　発達障害者もこだわりが強い傾向がありますが、精神障害者もこだわりがあったりその場の状況に合わせた対応が苦手な人がいます。例えば、デイケアなどの料理プログラムでは、10人分のお味噌汁を作ることになっていたところ、欠席者が多く半数の量がよいとなっても、いつもの半分の量の味噌汁を、どのように作ってよいかわからなくなる場合もあります。支援者の方からすると、そのこだわりは理解しにくいところもあり、少しくらいの変更などと思うかもしれませんが、本人にとってはとても負担になります。どうしても変更などが生じる場合は、予めわかっているならばそれをしっかりと伝えて、どうすれ

ばよいかなどを説明してください。

## ウ　社会経験の乏しさからくる問題

　統合失調症の発症年齢は、10代後半〜20代あたりといわれています。これは、この年齢に精神症状が大きくなり、医療機関での治療開始（初診等）がその時期に多いということです。初診時の精神障害者は、医療に繋がる前に、不眠やイライラ、さらにはひきこもりなどによって社会との接点が無くなっている場合が多くあります。そのことで、その年齢で経験するライフイベントがなくなり、さらには人と接する機会も奪われてしまいます。つまり、中学や高校といった学生生活の機会が奪われることで、コミュニケーション力、その場の状況を読む力、距離感、相手の立場を想像する力などの社会性が育む時間が欠如してしまいます。そのため、実際に話をするときにも近寄りすぎたり、その場の空気を読めず相手を傷つけることを平気で話したり、自分の話したいことだけを話すなど周囲に異様な感じを与えてしまうこともあるでしょう。さらに、話がまとまりづらかったり、話の内容があちらこちらに飛びまくるという障害特性もあり、相談を受ける時に、相談相手に相談内容が理解されず、何を伝えればよいか混乱することも多いでしょう。その時には、こちらから社会のルールや状況をしっかりと伝えてどうすればよいかを話してください。話がまとまらない場合には、少しずつ区切って本人に確認したり、状況によって緊急性がなければ「今日はこの話をしていきましょう」と焦点を絞って話していきます。

## （5）今後求められる支援の方向性

　現在の障害者支援の領域では、ストレングス（強み）やリカバリー（人生の回復）視点が注目されています。最近では、臨床的リカバリー（幻聴の喪失・機能の回復）だけに注目するのではなく、パーソナルリカバリー（一人暮らし・就労・友人ができる）といった生活の質の向上を目指したリカバリーへと発展してきました。さらに、同じ悩みや目的などを共有する仲間の存在ということでピアサポートなども活発に行われています。このように、障害者だから仕方がないといった考え方ではなく、障害の有無に関係なくその人自身を支え、その人らしく生活していけるような支援が求められています。

### 参考資料

1 ）Selye, H, The Stress of Life (rev. ed), McGraw-Hill. 1976.（杉靖三郎訳『現代社会とストレス』法政大学出版国、1998.）

2 ）Hommes, T.H., Rahe, R.H., 'The social readjustment rating scale', Journal of Pyychosomatic research, 11(2), pp213-218, 1976.

3 ）Lazarus, r.s., Folkman, S., Stress, Appraisal, and Coping, Spreinger Publishing Company, 1984.（RSラザルス・S. フォルクマン、本明寛ほか訳『ストレスの心理学-認知的評価と対処の研究』実務教育出版、1991.）

4 ）精神保健福祉用語辞典、中央法規出版. p297　2004.

# 6　精神医療に関する知識

## （1）精神医療を受けることができる医療機関

　精神機能の変調に対しては、主に3つの診療科において診療を受けることができます。ミスマッチが起こらないために各科の主な対象を理解しておくことが必要です。相談をされた場合、名称の印象が与える行きやすさで他者にすすめがちですが、下記のように主な対象が異なります。

　「精神科・神経科」は、心の病ととらえられる精神疾患全般を対象としています。

　「心療内科」は、ストレスなど心理的要因が関わり身体症状が現れる疾患、例えば、心身症、過敏性大腸炎、片頭痛などを対象としています。

　「神経内科」は、脳や神経の損傷や障害による疾患。例えばパーキンソン病やてんかん、脳器質性の要因による認知症などを対象としています。

　精神医療は主に「精神科病院」「精神科診療所」「総合病院」で医療が行われています。外来での治療のほか、入院での治療が行われますが、精神疾患の入院治療は、原則「精神科病床」で行われます。「精神科病床」は医療法において規定されており、その対象と治療特性から一般病床などとは区別されています。精神科病床の入院対象は「精神疾患があり、その治療を受けるもの」と限定され、かつ「精神保健福祉法」に基づく入院形態により、必要な手続が異なります。具体的には自分の意思で入院し、治療を受ける「任意入院」と、精神疾患の

ために医療及び保護が必要な人に対して、一般的に強制入院という言葉で表される医療の提供だけでなく保護も行う「医療保護入院」「措置入院」「応急入院」があります。保護の例としては、閉鎖病棟や保護室での管理、精神症状のために自傷行為や他害行為を防ぐための身体拘束、症状に影響を与えないための面会の制限があげられます。

## （2）精神科診断

精神科医療機関においては、主に薬物療法、精神療法、リハビリテーション、環境調整によって治療が展開されます。それらの治療、ケアを行うために精神科診断が行われます。

### ア　精神科診断

精神科診断は精神科医療において診断と治療方針の根拠となるものです。その方法は主に問診で行われます。これを精神科診断面接と言います（認知症や器質性精神障害の場合などのように、スクリーニング検査や画像診断を組みあわせて診断されるものもあります）。

精神科診断面接では、治療すべきターゲットである症状の表れ方に関して経過的に生活を通してどのように表れているのかを丁寧に聞きます。また症状を誘発する環境に対する治療的アプローチのため、来院のきっかけ、現在の精神症状とそのことによる生活上の問題、精神症状の経過、本人の性格、生活歴、家族状況や職場など社会生活の状況などの聞き取りと表情や言動などの観察から診断及び治療プランが提案されます。

## イ 「DSMでは」「ICDでは」という言葉を聞いたら

　診断の妥当性を高めるため、現在表れている精神症状を診断基準に当てはめ、その結果から診断するといった操作的診断法が主に行われています。アメリカ精神医学会（APA）が作成した診断基準「精神疾患の診断・統計マニュアル（DSM-5）」と世界保健機関（WHO）が作成した「疾病及び関連保健問題の国際統計分類（ICD-11）」などが主に使用されています。これらがそれぞれDSM、ICDです。

## （3）精神科薬物療法

### ア　精神科薬物療法

　精神症状の要因となっている脳の神経伝達物質など脳の変調に対して働きかけ、脳内の変調を整える治療法です。現状は身体疾患のように原因を除去し治すものではなく、出現している精神症状に対する対症療法としての役割と脳の変調を予防し、調子を整える役割を担っています。精神科薬物療法だけが単独で行われるのではなく、前述した精神科診断に基づき、患者個々の回復に向けて、心理社会的問題に対する精神療法、環境調整を組み合わせた治療が行われます。薬物療法により症状が軽減すれば、疾患への対処、社会生活を現実的にとらえる力も整えられ、社会参加していくための様々なアプローチが有効に働く基盤となります。

### イ　向精神薬

　精神科薬物療法で使用される薬物を総称して向精神薬と呼ばれています。向精神薬には、抗精神病薬、抗うつ薬、気分安定薬、精神刺激薬、抗不安薬、睡眠薬、抗てんかん薬、抗認知症薬があります。使用

する薬剤の選択は出現している精神症状や状態像に基づいて行われます。多くの医師のエビデンス及び医師の経験、判断によって薬剤や使用量が選択され使用されるため、治療効果に個人差があるとともに、一定期間の調整期間が必要となることが特徴的です。また向精神薬には飲んで15分、20分で効果が表れる即効性のものと、飲むことで体内に蓄積し、体内の代謝により効果が表れる遅発性のものがあることを理解しておく必要があります。

### ウ　心配する事柄～薬への依存性～

　例えば抗不安薬、精神刺激薬は、即効性もあり、服薬をすることで快適や自分が望む効果が得られるという報酬効果が生じることがあります。そのほかの向精神薬は報酬効果が生じづらく、また同じ量を服用しても、経過的に効かなくなっていく、薬物に対する抵抗性（耐性）も生じづらいといわれます。使用される薬物は単剤投与が基本ですが、その方の精神症状により多剤併用されることも留意しておく必要があります。

## （4）精神療法

　精神療法は、対話などを通して心理的側面に働きかけ、認知、情緒、行動などに変容をもたらす治療をいいます。神経症などの心因性の精神疾患はもちろんのこと、統合失調症などの精神病症状がある内因性の精神疾患や認知症、てんかんなどの外因性の精神疾患においても、薬物療法などと併せて実施されます。

　医療機関では、様々な精神療法が行われていますが、入院、通院を各々対象に支持的精神療法、精神分析療法、認知・認知行動療法、社

会生活技能訓練、家族療法、絵画療法、芸術療法などが知られています。それらは個人を対象とする個人精神療法と、複数の同じ疾患又は課題を抱える人々を対象とする集団精神療法の形態で行われています。また支持的精神療法、洞察的精神療法、表現的精神療法、訓練的精神療法の4つに区分されます。

## 💬 （5）精神科リハビリテーション

　精神疾患を発症したために、失われたり、低下した能力、新たに獲得しなければならない力を獲得していく過程で行われる様々な取組を指します。精神科リハビリテーションはその方の症状に応じ、治療、療養とのバランスを考え行われます。例えば、陽性症状が活発で治療、療養を優先させなければならない状況においては、今できること（能力）を維持します。回復状況に応じて生活能力、社会的活動の維持、拡大のために活動が行われます。精神科リハビリテーションは、精神疾患の特性である再発のしやすさ、症状による歪みと社会生活への適応が課題となるため、心理教育や集団療法、生活技能訓練などにより再発を防ぐ対処方法を獲得する医学的リハビリテーションは重要です。

　実際の地域生活の場で、利用しうる社会資源を活用しながら、療養、生活、社会参加を行うといった、支援を受けつつ生活する力を獲得、維持していくこともリハビリテーションといえます。いいかえれば支援者による地域生活支援を行うことが、当事者にとってはリハビリテーションになっているとも考えられます。精神科医療機関の外来におけるリハビリテーション機能として、デイケア、ナイトケア、通院集団精神療法、通院作業療法、訪問看護などがあります。しかし、それらはどの精神科医療機関でも一律に行われてはいるものではありま

せん。リハビリテーションを精神科医療機関のみに委ねるのでなく、地域の医療、保健、福祉の連携のもと、対象者が利用する精神科医療機関が持ちうるリハビリテーション機能と地域の社会資源を組み合わせながら包括的なリハビリテーション、地域生活計画を検討し、支援することが求められます。そのためには、対象者が希望を持ち、希望に取り組める過程を提供できる社会資源の開発も重要です。

## （6）精神科医療の特徴

　病気やけがは、治ることを目指して治療します。しかし精神疾患の場合、完治しづらいという特徴があります。例えば統合失調症、躁うつ病の完治率は数％程度で、うつ病は6割以上の人が再発を経験します。また初発や悪化時に見られた精神症状がおさまり落ちついていたとしても、残遺症状と呼ばれる後遺症のような症状が存在することがあります。また精神疾患を患ったことによる体験のせいで劣等感や不安の強さなど社会への適応を妨げる二次的な障害が残ることもあります。そのため精神科医療では病状を表すのに、「治癒」という言葉よりも「消退」「軽快」「寛解」「再発」「再燃」という言葉が使われます。

　本書では紙幅の関係で精神疾患を単位別に紹介をしていませんが、精神疾患も多種多様であり、表れ方も個別性があり、単一の精神疾患でなく、複数の精神疾患がある方もいます。主治医や医療関係者と、支援には何を学んだら良いかといったコミュニケーションをはかるなかで医療機関との関係性を作り、支援の過程で被支援者からも学び、疑問を主治医や医療、保健スタッフに問い、皆さん自身の社会福祉実践のなかで力をつけていっていただくことを願っています。

# 引用・参考文献

・令和２年医科診療報酬点数表　第２章特掲診療料　第８部　精神科専門療法　第１節　精神科専門療法料　　I001　入院精神療法、I006　通院集団精神療法

・樋口輝彦　市川宏伸　神庭重信　朝田隆　中込和幸『今日の精神疾患治療指針　第２版』医学書院　2016年10月

・山内俊雄　小島卓也　倉知正佳　鹿島晴雄『専門医をめざす人の精神医学　第３版』医学書院　2011年３月

・日本精神神経学会　医師臨床研修制度に関する検討委員会『研修医のための精神科ハンドブック』2020年６月
　　※日本精神神経学会HPからも閲覧可能
　　https://www.jspn.or.jp/modules/residents/index.php?content_id=63

・加藤敏　神庭重信　中谷陽二　ほか『現代精神医学事典』弘文堂　2011年10月

・一般社団法人日本精神保健福祉学会『精神保健福祉学の重要な概念・用語の表記のあり方に関する調査研究　平成29年度報告書』2018年３月

・一般社団法人日本ソーシャルワーク教育学校連盟『最新　精神保健福祉士養成講座１　精神医学と精神医療』中央法規　2021年２月

・日本精神神経学会（日本語版用語監修）『DSM-5 精神疾患の分類と診断の手引　American Psychiatric Association』医学書院　2014年10月

・糸川昌成『統合失調症スペクトラムがよくわかる本』講談社　2018年６月

# 主な精神症状、状態像を表す用語

| 不安症状・状態 | はっきりしない漠然とした恐れ。発作性・持続性がある。自律神経系の症状（動悸・息切れ・めまい・四肢のしびれ・冷感・振戦・喉の閉塞感・頭痛）を伴い、重篤な生命の危機が生じることもある。 |
|---|---|
| 強迫症状・状態 | 持続的に意思コントロールができない観念にとらわれる（強迫観念）状態と、それを解決しようとする繰り返し行為（強迫行為）を伴う状態。 |
| うつ状態 | 感情面では、気持ちがふさいで、晴れない「憂うつ」、悲しくあわれな「悲哀」、思考面では、考えが浮かびづらくなり、思考が先に進まない「静止」、意欲・行動面では興味や関心の喪失。身体面では倦怠感・不調感などが生じる。 |
| 躁状態 | 感情面では爽快・高揚。思考面では考えが次々湧き出して脱線してしまう「観念奔逸」と実際以上に大げさに言ったり考えたりする「誇大的内容」。意欲・行動の面では、多弁、多動、気持ちが高ぶり広がってしまう興味や関心の冗進。身体面では爽快・快調感などがみられる。 |
| 幻覚症状 | 外的な刺激が存在しないにもかかわらず、五感などの知覚にあるはずがない体験をすること。<br>見えるはずの無いものが見える「幻覚」、聞こえるはずがない音、人の声などが聞こえる「幻聴」、自分の考えが聞こえる「考想化声」、存在しない匂いを感じる「幻臭」、あるはずがない味覚を感じる「幻味」、身体の中にいるはずがない物体がいるなど身体にあるはずのない違和感を体験する「体感幻覚」などがある。 |

| 妄想状態 | 想像ではなく、精神的に湧いてくる主観的確信。内容も非現実的内容のものが多いが、生活に関連した内容まで広範である。<br>他人から悪意をもって害されていると信じる「被害妄想」、常に監視されているなどの「注察妄想」、現実からかけ離れた誇大的内容を信ずる「誇大妄想」、自分の存在が周囲に悪影響を与えていると信じる「罪業妄想」、自分が病気だと確信を持つ「心気妄想」などがある。 |
|---|---|
| 昏迷状態 | 意欲や自発的言動が見られず、刺激にも反応しない状態。 |
| 健忘状態 | 言語で表現できる記憶が障害された状態。 |

# 治り具合を表す言葉

### 「消退」（しょうたい）

　表れていた「症状」が表れていない状態。例えば「措置症状は消退した」は、措置入院の要件である自傷他害の恐れにつながる精神症状が現れていない場合に使われます。「何が消退したか」を確認することがポイントです。

### 「軽快」（けいかい）

　治療により主たる症状は改善しつつあるが、動揺しやすく不安定さが残っている状態を示します。継続的な治療やケアが必要で、脆弱な状態であるといえます。

### 「寛解」（かんかい）

　難治性の疾患や再発しやすい疾患によく使われる言葉です。主たる症状が消退したり、症状が固定するなど症状はあるものの安定した状況を示す場合に使われます。特に退院を前にして、「院内寛解している」という言葉は入院中の病棟内での生活においては、適応できる状況にまで精神症状は安定している状態に使われます。

### 「再燃」（さいねん）「再発」（さいはつ）

　両者とも一定期間、軽快または寛解していた疾病が、再び悪化または再出現してくる状態に使われます。「再燃」は治っていなかったものが悪くなる場合に使われ、「再発」はいったん消退していた症状が悪化し、集中して治療が必要な状態にまで悪化した場合に使われます。

# Column 3

# 「精神療法」「カウンセリング」という言葉

　精神科＝精神療法、カウンセリングをイメージし、精神科を受診すれば、「受け止めてもらえ、改善する」というマジックイメージを持っている方によく出会います。しかし精神療法は見えない深層心理を扱うものから、現在の生活を現実的に扱うものまで広範です。また特定の治療仮説を持ち、固有の治療理論に基づく治療技法により問題の解決を図る精神療法と、特定の枠組みをもたず、その人の症状、状況、必要な支援等に合わせて行う一般精神療法に分けられると考えてください。例えば、統合失調症の陽性症状が激しく出現し混乱している方には、まずはその方の精神症状による体験に耳を傾け、その体験を共有し、受け止めることで関係を成熟させ、支援へと展開する支持的精神療法がおこなわれるなど、必ずしも心の内面を理論で整理し、治療していくものばかりではありません。特に福祉職の方々が対象とされている長期的な治療や支援が必要な方々には、内面を深く洞察するのではない、社会生活に適応していくための「体験」「思い」「対処」「方法」などの支援者との相互作用による現実的な対話、いいかえれば「カウンセリング」が行われると理解していただきたいと思います。

# 7　精神障害者の地域生活への移行支援

## （1）基本的な知識

　少し、歴史を遡っておきましょう。我が国では、第2次世界大戦後、それまでの精神保健医療福祉サービスの提供体制が不十分であった時代に生じていた私宅監置など自宅や地域における処遇の問題を改善する考えから入院処遇が推進されてきました。

　その後、精神保健医療福祉は、2004（平成16）年9月に策定された「精神保健医療福祉の改革ビジョン」において「入院医療中心から地域生活中心」という理念を明確にし、様々な施策が推進されてきました。

　この間、社会的支援（家族、金銭、住居、仕事、支援者など）がない人への退院支援については医療機関が中心に行ってきました。しかし、医療機関にはむしろ新たな患者へのきめ細やかな診察と支援が求められており、国は、2003（平成15）年に精神障害者退院促進支援モデル事業を開始し、その後、事業の変遷を経て、2012（平成24）年4月からは障害者自立支援法（現・障害者総合支援法）に「地域相談支援」（「地域移行支援」「地域定着支援」）を位置付けました。しかし、現在でも1年以上の入院者は16万5,000人おり、そのうち3割の人は、いわゆる社会的な支援があれば退院できると言われています。

　社会的支援が必要な人の支援は、医療機関の適切なアセスメントが重要となりますが、市区町村は、医療機関からの申請を待つのではなく、むしろ、住民サービスとして積極的に地域移行支援を推進するために、精神科病院との連携を強化しましょう。

　併せて、地域で安心して自分らしく暮らしていくための相談支援体

制の構築及び障害福祉サービス等の基盤整備を行うことが重要となります。

## （2）地域相談支援

　地域相談支援は、地域移行支援及び地域定着支援のことです。都道府県の指定を受けた指定一般相談支援事業者がその業務を担います。

　地域移行支援は、障害者支援施設や精神科病院に入所・入院している障害者に対して、住居の確保その他の地域生活に移行するための相談支援を行います。地域移行支援のサービス内容には、地域移行支援計画の作成、住居の確保、地域における生活に移行するための活動に関する相談、外出の際の同行、障害福祉サービス（生活介護、自立訓練、就労移行支援及び就労継続支援に限る）の体験的な利用支援、体験的な宿泊支援等の支援があります。

　長く入院している人で、地域移行支援というサービスを知っていて、自ら医療機関の職員や入院前の市区町村に連絡して、申請したいという人はいません。また、退院することへの不安から、退院をあきらめている人もいます。医療機関には様々な地域の人が入院しているため、市区町村ごとの時宜を得た情報を入院している人に届けることはできません。そのため、市区町村には、医療機関や入院している人に情報提供をして、ニーズに応じた支援をすることが期待されています。ReMHRAD（地域精神保健福祉資源分析データベース）を活用すると、1年以上入院している人の状況を把握することも可能です。

　また、2018（平成30）年度には地域移行における対象者を明確にするための通知改正が行われ、これにより入院期間に関わらず地域移行支援の対象者となることが示されました。つまり、社会的な支援が必

要な人の支援に加えて、医療・保健・福祉・行政等による包括的な支援が必要となる人は、入院期間に限らず対象者となりました。そのため、市区町村は、地域相談支援を担うことができる相談支援体制を構築しておく必要があります。

　地域定着支援は、単身等の障害者に対して、常に連絡がとれる体制をつくり、緊急な支援が必要な際には、相談や訪問等の支援を行うものです。サービス内容には、常時の連絡体制を確保し、適宜訪問等を行い利用者の状況を把握、障害の特性に起因して生じた緊急の事態における相談等の支援、関係機関との連絡調整や一時的な滞在による支援、地域定着支援台帳の作成があります。対象者は、単身で生活する障害者、同居している家族等が障害、疾病等のため、緊急時等の支援が見込まれない状況にある障害者で、地域生活を継続していくための常時の連絡体制の確保が必要な人ですが、グループホーム、宿泊型自立訓練の入居者については対象外です。

　緊急の事態をどうとらえるかについては、「緊急時」は支援者側がイメージする緊急の事態ではなく、あくまで地域で暮らしている障害者の言ってみれば「一大事」に対して行う支援のことです。指定一般相談支援事業所の担当者は、あらかじめこの「緊急時」について、サービスの利用者や家族等と話し合っておくことが重要です。まずは対話とかかわりを通して、ご本人にとってどんなことが「一大事」で、なにが原因なのか、今までどのように解決してきたのかなどのアセスメントを行います。事前にアセスメントをしっかり行っておけば支援のポイントもわかり、より効果的な助言や支援が可能になります。「一大事」に陥ったときにどんな対応をすればよいかを事前に決めておく「クライシスプラン」の作成は効果的です。支援者は、利用者の「一大事」に際して、「クライシスプラン」を活用して、利用者の「一大事」に寄

り添い、訪問や滞在により不安の軽減をはかることも可能になります。

　市区町村は、障害者が住み慣れた地域で安心して自分らしく生活するための地域生活支援拠点等に併せて、地域定着支援体制を整備することも重要となります。

## 💬 （3）自立生活援助

　自立生活援助は、2018（平成30）年４月に施行された改正「障害者総合支援法」で新たに創設されたサービスです。障害者の皆さんの「住み慣れた地域で自分らしく生活したい」「一人暮らしを始めるにあたっては親身になってサポートしてくれる頼りになる人が必要」という思いと、支援現場の「市民として当たり前に一人暮らしができるよう支援したい」「ご本人の生活する力を引き出す支援をしたい」という声に応えるサービスです。自立生活援助は、「居宅において単身等で生活する障害者につき、定期的な巡回訪問又は随時通報を受けて行う訪問、相談対応等により、居宅における自立した日常生活を営むうえでの各般の問題を把握し、必要な情報の提供及び助言並びに相談、関係機関との連絡調整等の自立した日常生活を行うために必要な援助を行う」と規定されています。

　具体的な対象者は、障害者支援施設やグループホーム、精神科病院等から地域での一人暮らしに移行した障害者、現在一人暮らしをしている人、障害、疾病等の家族と同居しているが家族による支援が見込めない人等、幅広い視点でとらえています。個別の事情によって市区町村審査会で利用が認められる場合もあります。

　サービスの提供は、指定相談支援事業者や共同生活援助、居宅介護などを行う障害福祉サービス事業者、障害者支援施設等が指定を受け

図 1-30 自立生活援助による支援

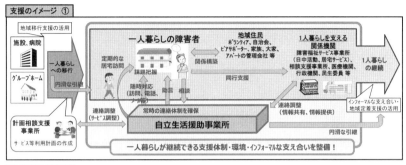

出典：厚生労働省HP「相談支援のイメージ」

て行います。標準利用期間は 1 年間とされていますが、市区町村審査
会を経て更新することも可能です。自立生活援助においては、障害者
が一人暮らしをはじめたときに、生活や健康のこと、生活をしていく
うえでの様々な手続などについて、訪問して必要な助言や調整などの
支援を行います。「定期的な訪問」だけでなく「随時の対応」や「同
行支援」を組み合わせて、「ごくあたりまえの暮らし」を支えるため
の柔軟性の高いサービスといえます。

## （4）精神障害にも対応した地域包括ケアシステム

2017（平成29）年 2 月に「これからの精神保健医療福祉のあり方に
関する検討会」報告書がとりまとめられました。精神障害の有無や程

度にかかわらず、誰もが地域の一員として安心して自分らしい暮らしをすることができるよう、医療、障害福祉・介護、住まい、社会参加（就労）、地域の助け合い、教育が包括的に確保されたのち「精神障害にも対応した地域包括ケアシステム」を構築することが適当とされました。通称「にも包括」と言います。対象者は、精神保健に課題を抱えている人、精神医療を必要とする人、そして精神障害者です。

　我が国が目指している「地域共生社会」とは、制度・分野ごとの「縦割り」や「支え手」「受け手」という関係を超えて、地域住民や地域の多様な主体が参画し、人と人、人と資源が世代や分野を超えつながることで、地域をともに創っていく社会です。「にも包括」は、「地域共生社会」を実現するための「システム」であり「仕組み」です。推進にあたり、生活困窮者自立支援制度や重層的支援体制整備事業等の施策との連携を図ることも重要です。

### 図1-31　精神障害にも対応した地域包括ケアシステム

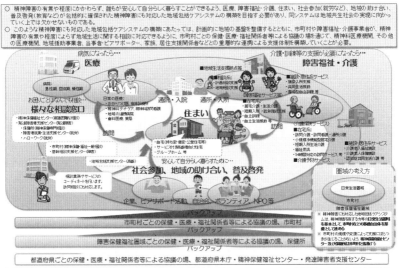

出典：厚生労働省「精神障害にも対応した地域包括ケアシステムの構築に向けた取り組み」

　「にも包括」は、日常生活圏域を基本として、市区町村などの基礎自治体を基盤として進めることになっています。そのため、市区町村は、地域住民の身近な窓口として、地域精神保健の活動としての相談指導等の充実を図り、また、長期在院者への支援について、市区町村が精神科病院との連携を前提に、病院を訪問し利用可能な制度の説明等を行う取組を制度上位置付けることが必要です。

　一方で、障害者の支援は、医療機関、障害福祉サービス事業所等との包括的で継続的な支援体制が求められるため、高齢者の包括ケアシステムのように中学校区単位だけでなく、一定程度広域での面的支援との組み合わせが必要となります。このため、保健所においては、医療機関との連携を含む医療に関する事項の調整・対応や市区町村との連携を前提とした障害福祉圏域等の圏域単位の協議の場の設置及び地域課題の検討と解決のための企画等、個別支援での協働をすすめなくてはいけません。

　「にも包括」の構築にあたっては、地域精神保健医療福祉資源分析データベース（ReMHRAD）の活用等により、精神障害を有する方等の状況や社会資源の把握及び「見える化」を図り、保健・医療・福祉関係者等による「協議の場」において協議をしていくことが求められています。

　「協議の場」では、個別支援の積み重ねから共通の課題を見いだして、「個別支援体制の整備」「支援体制の整備」「地域基盤の整備」について保健・医療や福祉を起点とした基盤整備の検討を行います。ここで基軸となるのが市区町村（保健・福祉）、保健所、医療機関、基幹相談支援センターですが、これらの機関が一定水準以上の役割を果たしている地域は少ないのが現状です。

# 第 2 章

## 障害福祉・精神保健福祉担当のシゴト

# **1** 障害福祉担当のシゴト

## （1）障害福祉担当の基本のキ

　少子・高齢化の進展や世帯人員の縮小といった日本の社会構造の変化によって、住民の生活課題は、「8050問題」といわれるように複合化・複雑化する傾向にあります。例えば、介護保険の認定調査に行ったところ、そこには認定調査が必要になった高齢者本人が介護を続けていた障害者がいたことがわかり、介護保険の担当課から障害福祉担当課に支援依頼があることも珍しくはありません。こうした状況にあって、行政が果たす役割は大きくなり、そこに係る予算も人員も増えています。

　総務省の地方財政白書をみると、地方自治体の一般予算に占める民生費の割合は増える傾向にあります。この民生費とは、地方公共団体の経費を行政目的によって議会費、総務費、民生費、衛生費、労働費、教育費、災害復旧費、公債費等に分けたものの一つで、障害福祉だけではなく、子どもや高齢者、生活保護等に関する予算も含んだものです。

　図2-1は、民生費が市区町村や都道府県の歳出のどのくらいを占めているのかを示したものです。これを見ると市区町村の歳出に占め

図2-1　目的別歳出決算額の構成比

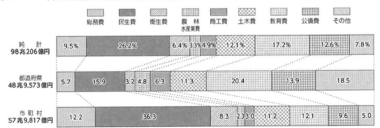

出典：総務省「地方財政白書」

る民生費の割合は三分の一を超えていることがわかります。公立学校の教員からなる教育部門にはかないませんが、福祉部門で働く地方公務員は警察部門で働く地方公務員よりも多いのです。図2-2は、一般行政職のなかに占める福祉職の割合を示しています。これをみると一般行政分野の4割が福祉関係職員となっています。このことは、福祉行政が市区町村の行政のなかで大きな存在になっていることを示しています。

図2-2　部門別職員数（令和2年4月1日現在）

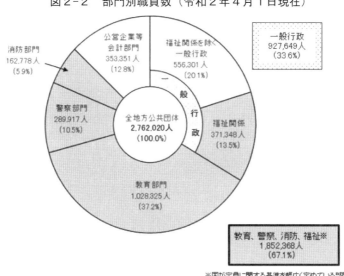

※国が定員に関する基準を幅広く定めている部門
出典：総務省「地方公務員の状況」

　客観的にみるならば、あなたはこの重要な領域の一角を占める障害福祉という部門に配属されたということになります。障害福祉担当課に配属された皆さんは、行政の業務のど真ん中に降り立ったわけですから、行政の仕事の肝を経験できると期待してください。当然ですが、幾分かの不安はあるでしょう。まずは慣れるようにしましょう。そう

していると、徐々に障害福祉での仕事の大切さがみえてくるはずです
し、そこを支えることに「やりがい」を感じてくるはずです。

　筆者が障害福祉担当課の課長補佐になったとき、当時の課長は「こ
こは職人さんがたくさんいますから安心してください。余裕ができた
ら、職人さんたちの仕事を真似るようにすればいいんですよ」とアド
バイスしてくれました。これまで相談支援の現場にいて、個別の対応
や関係する機関との連絡調整に汗をかいてきた、いわば職人の一人で
あった筆者が、ある日を境に職人頭見習いというポジションについた
わけですから、不安は小さくありませんでした。でも、この時の課長
のいった「慣れなさい」という言葉で、気分が幾分かは楽になったよ
うに感じました。

## （2）本課や本庁での業務

### ア　職員としての一日

```
● 8：30　始業・朝の打合せ
　　　　　同僚・上司のスケジュール確認
　　　　　メール、回覧物の確認等
　　　　　窓口対応、他機関等の連絡調整等
●12：00　休憩・昼食
●13：00　家庭訪問・事業所等でのケース会議等
●16：00　ケース記録の作成・事務作業
●17：15　退庁
```

#### ①勤務時間は７時間45分が原則

　通常、公務員の１日の勤務時間は７時間45分、１週当たり38時間45分となっています。そのため、昼の休憩が１時間であれば、午前８時半から午後５時15分までの勤務になります。もし、昼休みを45分間にしている自治体であれば午後５時に退庁となります。

#### ②朝の打ち合わせはリアル、それともデジタル？

　いよいよ始業です。係長がまとめ役を務めてリアルな打ち合わせを

行うところもあれば、人数が少ないところであれば課長補佐が司会役を務め、全体で打ち合わせを行うところもあるでしょう。しかし、スケジュール管理から出退勤管理もできるグループウェアが導入されている自治体であれば、その日の同僚や上司のスケジュールは画面から確認できるので、リアルな打ち合わせを実施していない場合もあると思われます。また、グループウェアが導入されていてもリアルな打ち合わせを行っているところもあるでしょう。グループウェアの利点は始業と同時にスケジュール管理が一気にできるところですが、細かく記載する職員、記載が大雑把な職員、まったく記載しない職員がいるので、実際には十分な情報の共有が行えていないこともあります。

　朝のメールチェックは、朝、起きたら顔を洗うような定型的な作業＝ルーチンワークです。自分宛、係宛のものを職場のメールのルールに従ってチェックしてください。ここで確認していただきたいことが一つあります。あなたが務める自治体は、職員一人ひとりにアドレスを設定しているでしょうか、それとも職員にはアドレスを設定せずに係ごとにアドレスを設定しているのでしょうか。こうした職場のアドレスの設定ルールを知ることも重要です。もし、個人がアドレスを持たずに係にアドレスが設定されているのであれば、朝のメールチェックは慎重に行ってください。個人のアドレスが設定されていれば、自分宛のメールを見落とすことはありません。しかし、係にアドレスが設定されている場合は、係宛の膨大なメールのなかから、自分宛のメールを見つけ出すことが必要です。もしかしたら、膨大なメールの海のなかで見落としがあるかもしれませんし、送信元が宛先を「担当者様」としてしまえば、受信してほしい職員に届かない場合も出てきます。

　こうしたことを防ぐための第一歩は、個人宛はなく、「担当者」や「○○係」宛のメールは庶務担当がメールを開くといったルールを設

けることです。これは管理職が指示を行い、実行すればいいだけです。しかし、これまでの課長が異動し、他の部署から課長が異動してくると、これまでのルールが変わることがあることを覚えておきましょう。

### ③窓口は様々な人と多様な訴えがくるところです

　まずは挨拶です。午前中であれば、軽く微笑みながら「おはようございます」と言いましょう。窓口に来た方の相談は手当のことかもしれません。自分の困っていることが自らの障害によって引き起こされているのだろうかという相談かもしれません。しかし、ここでは基本的な業務として身体障害者手帳に絞り、対応の基本を説明します。

　身体障害者手帳等の申請では、まず制度の概要から始め、申請には申請書や写真、医師の診断書・意見書が必要であることを説明することになります。そこで役立つのは「障害福祉のしおり」です。「障害者福祉のしおり」としている自治体もありますが、障害のある方を対象にした福祉サービスや制度、手当等をわかりやすく説明しているもので、どこの自治体にも、その自治体オリジナルのものが作られているはずです。

　しおりには、以下のように申請に必要な最低限の内容が記されています。

---

　1．身体障害者手帳交付申請書

　2．所定の身体障害者診断書・意見書（指定医作成のもの）

　3．写真2枚（上半身たて4cm×よこ3cm）

　4．障害者福祉診断書料助成申請書（領収書添付）

　5．個人番号カード（ない場合は通知カードと運転免許証等の身分確認

---

できるもの）

　制度の説明では、身体障害者手帳の交付対象は「視覚、聴覚・平衡機能、音声・言語・そしゃく機能、肢体、心臓、腎臓、呼吸器、ぼうこう又は直腸、小腸、免疫、肝臓機能に障害があり、日常生活に支障がある方」であること、障害の状態によって視覚障害は１級〜６級、肢体不自由は１級〜７級、心臓機能障害や腎臓機能障害等の内部障害の場合は１級〜４級という等級があること、数が小さくなるほど状態が重たいことなどが記されています。さらに、申請書等の提出先と手帳の発行者は違うことと、手帳が交付されるまでの手順についても説明しています。手帳は県が発行しているので、市町村が受け付けた申請書等は県に送られ、県が手帳を発行し、それを受け付けた自治体に送ることになります。そして、それが各自治体に届いたら、申請者には郵便で、手帳ができましたので受け取りに来てくださいというお知らせを送るので、手帳を手にするまでには時間がかかることとそのおおよその目安を伝えます。

　療育手帳であれば、市と区では申請する場所が違っていることがありますから、あなたが勤務している自治体の手帳毎の申請場所を確認しておきましょう。また、市と区が隣接する自治体では、区と同じルールで市も申請を受け付けると理解している住民もいるので、特に市と区が隣接する地域では、お隣の自治体の情報をＨＰで確認しておくことが重要です。

　さて、様々な方が窓口にくるので、説明には気を配ってください。窓口に来た方が、私の説明を理解しているだろうか、私の説明が伝わっているのだろうかということは、相手の反応を注視しながら、確認するようにしてください。「今の説明で、おわかりになりましたか」と

いう確認よりは、「申請書類の種類は医師の意見書が必要なことはわかりましたか」「障害に関する診断書・意見書は指定医でないと書けないのですが、通院している病院に指定医がいるのかどうかということを確認しましょうか」といったように、一つずつ確認をするようにしましょう。こうした細かなことは「しおり」には書かれていません。その「しおり」の記載のしかた、公表の方法もまちまちです。

　初めて「しおり」に接する方には理解が難しいと思われますので、「ここに書いてありますので、ご確認ください」という対応では不十分です。

　第1章で「やさしい日本語」を活用する必要性を示していますが、本当は「障害福祉のしおり（やさしい日本語版）」というものを各自治体は用意しなくてはいけません。これこそ情報にアクセスしやすくするための「合理的な配慮」だと考えています。

## ④連絡調整はまだまだ電話が主役、手際よく、長電話は避けましょう

　皆さんは個人的なサークル等の集まりの日程調整は、どのようにして行っていますか。きっと日程調整アプリで行っているのではないでしょうか。しかし、行政は、こうしたアプリはほぼ使われておらず、筆者の周辺ではメールで日程調整票を送り、そこに都合に良い日、悪い日を記入して送り返すということが今でも多いように感じます。まだＦＡＸも大活躍しています。

　こうした世界ですから、関係機関との連絡は電子メールが増えつつありますが電話も多く、会議の日程調整から打ち合わせの事前相談も電話で行われることが一般的です。しかし、障害福祉担当課の職員はいつも自席で仕事をしているわけではないので、電話を受けた職員が、担当者は離席していることを伝え、「戻りましたら担当者から電話を

差し上げるようにしましょうか」「伝言でもよろしければ私が伺います」という対応が咄嗟に求められます。

　ここで電話について知っておくべきことがあります。それは職場の電話が代表番号になっているのか、ダイヤルインになっているのか、併用になっているのかということです。代表番号がある場合とは交換係の職員が出て、内線につないでくれる仕組みです。ダイヤルインでは外部から交換を経由せずにそれぞれの部局に電話が入ります。また、上記の併用になっている場合もあると思います。それぞれに電話番号の公開ルールがあるはずですから、それも確認しておいてください。小さなことですが、こうした自治体内のルールは守りましょう。

　さて、障害福祉担当課にかかってくる電話は、手当や身体障害者手帳等の申請に関する当事者や家族からの問い合わせから、医療機関や障害福祉サービスの事業者、他市の障害福祉担当課からのものと、様々です。

　問い合わせの電話では、何を知りたいのかということを確実に聞きとることが必要です。問いや復唱を組み合わせて対応をすることで、電話をかけてきた方の知りたいこと、希望を聞き取っていくようにしましょう。

　例えば、「手帳について知りたいのです」と相手がいったときには、「初めて手帳を申請されるのですか、それとも今、すでにお持ちのものについてでしょうか」というように問いかけて「初めてです」といえば「初めてですね」と復唱し、「手帳は三種あります。身体と精神と知的ですが、身体のものですか、精神のものですか、知的のものですか」というように、復唱しながら大きな分類から小さな分類に絞り込んでいきます。なるべく、「どんな手帳ですか」とか「何手帳が欲しいのですか」というような５Ｗ１Ｈによる問いかけは避けることが

必要な場合があることを覚えておきましょう。

　手帳に関する問い合わせでは、「手帳を汚したので再発行をお願いしたいが可能ですか」というものや、「療育手帳の申請の際の写真はスナップ写真でもいいのか」といったように、知識があれば確実に答えられるものがほとんどです。また、「使用している車椅子を新しいものにしたい」といったものや、「移動支援を使いたいが可能だろうか」等と、様々な問い合わせがあります。窓口であれば「障害福祉のしおり」を使って説明することができますが、電話ではそれができません。自治体によっては、ＨＰから「しおり」を見ることができるようになっているので、スマホ等でそのページを開けてもらい、同じ画面を見ながら説明することもいいのですが、電話で対応しなくてはいけないときは、「やさしい日本語」による説明を試みましょう。

　問い合わせ以外で多いのは、医療機関や障害福祉サービスの提供事業所からの連絡調整です。医療機関であれば入院していた方が退院するので、退院後の生活を支えるための支援策を検討するケース会議を行いたいので出席してもらえないだろうかというものや、新しく就労継続支援の事業所を利用することになるのでサービス担当者会議にケースワーカーも参加してくださいといった出席依頼もありますし、サービス提供事業者から請求と支払い日の確認を求めるものなど実に多彩な電話に応対することになります。

　こうしたもの以外に、近隣の自治体との連絡調整の電話を受けることもあるかもしれません。これは都道府県で実施の方法が違うと思いますが、近隣の自治体や圏域を構成する自治体の保健福祉部局の部長会議や課長会議が開催されています。ここでは特定の課題に対する各自治体の取組や進行状況を報告することもあれば、それぞれの自治体の懸案事項に対し、他の自治体が取り組んでいる対応策を聞き、自ら

の自治体の参考にします。開催前に当番自治体が質問や案件を記した一覧を他の自治体に送り、受け取った自治体は回答を記して当番自治体に送り返します。当番自治体は会議開催前にQ＆Aの一覧を作ります。こうした会議の当番自治体になれば、それぞれの自治体の出席者や課題等を記した一覧をメールで送ったので記入をお願いしますという依頼の電話まで行うこともあります。そして、各自治体から回答が送られてきたら、それらを一覧にして開催日前にメールで送ります。

　こうした大きな会議の場合はすべてをメールで進めるというわけにはいかず、電話で確認や催促を行うことになります。もし、係で担当する業務が質問の対象になっていれば、部長会議の随行は障害福祉担当課の課長や課長補佐が務めます。新人が随行することはありませんが、勤務する自治体が当番市になれば、会議の運営を行うことになるので出番があるはずです。そのときは「お勉強させていただきます」といって積極的に運営の手伝いを行うことをおすすめします。窓口等での相談支援は重要ですが、それ以外に役所の仕事は多岐に渡ることを知る貴重な経験になるはずです。そして、近隣市の職員の顔と名前を憶えておくとよいでしょう。筆者も課長時代に部長に随行したことがあり、そこで高校の同級生が近隣市の福祉部長であることを知り、互いに驚いたことがありました。

　電話では要件をまず確認し、相手の名前や所属、連絡先をメモしておくことも忘れないようにし、長電話は避けるようにしましょう。とはいっても、当事者や家族からの電話では、相手の声から相手の気持ちや異変を感じるとることは必須です。いくら長電話はダメといっても、どうも深刻な訴えがあるのではないかと感じたとき、声のなかに不穏なものを感じたときには、事務的にならず、「調子はいかがでしょうか」とか「ほかに気になっていることや心配事はありませんか」と

いった声をかけることも必要です。そして電話対応の記録や相談記録に客観的なことや、気になった点を記し、係長に報告を行ってください。

## ⑤休憩時間にケースの話はご法度です

　さて、お昼休みです。一人でゆっくりと食事をとることもあれば、同僚や同期の仲間と食事をすることもあるでしょう。ここでは、自分が担当しているケースに関する話、特に興味本位な話は行ってはいけません。あなた自身の心配事や悩みを先輩等に相談することはあってもいいのですが、ケースの相談であれば、それは食事中ではなく、職場にもどってしかるべき場所で行いましょう。

　もし、昼の食事やお茶を飲んでいるときに先輩や同僚に仕事や関わっているケースのことを話したくなったら、立ち止まって考える習慣をつけてください。もし、そのケースが私だったら、と考えるのです。周囲に人もいるなかで、もし自分の暮らしや行動のことが「茶飲みばなし」となったら、どうでしょう。きっと、嫌だなと思うでしょう。単純なことですが、自分が嫌なことは人だって嫌なのです。それでは、個人の話をしなければいいのかというと、職場のことや仕事のこと、進行中のプロジェクトのことなども、職場を離れたところで話をしてはいけません。

　筆者の場合は仕事でたくさん話をするので、昼休みは無口、ほとんど話をせずに食事のあとは本を読んでいました。

## ⑥訪問は行先と帰庁予定時刻を伝えて行きましょう

　訪問はとても大切な仕事です。地域には支援が必要だと思われるのに、支援の利用につながっていない人がたくさんいます。役所の世話

にはなりたくない、と拒む方もいれば、情報が届いていないので利用していないという人も多くいます。訪問とは、こうした人々に積極的に働きかける活動で、行政にとって無くてはならない活動です。その人の生活の場に出向いて支援を行うことを最近は「アウトリーチ」ということが多くなり、省庁の白書や大綱等にも盛んに使われるようになっています。

　例えば『令和元年　子供・若者白書』（内閣府）には「厚生労働省は、平成29年度より、「若年無業者等アウトリーチ支援事業」として、高校等とサポステ等との連携により、高校中退者等のニーズに応じたアウトリーチ（訪問）型等による切れ目ない就労支援を行っている。」というように使われています。

　筆者は、この訪問は、支援が届いていない人、生きづらさを抱えて今を生きている人たちへの教育宣伝活動や、福祉のセールスマンと考えています。制度の話を行えば、誰もがハイわかりました、利用しますというようにはいきません。今も支援が届いていないということは、役所の窓口が開いている時間帯に、本人が役所まで行けない事情があるのかもしれません。役所で相談したけど、「使える制度はありません」と突き放されたことがあるから嫌だという場合もあるでしょう。家族の介護や仕事が忙しいから役所は後回しになっている場合もあるでしょうし、相談することが恥ずかしいと思っている場合もあります。でも、いきなり訪問というわけにはいきません。障害福祉担当課には、障害福祉サービスの事業者や民生委員から気になることや、心配なことが伝えられます。例えば、ある就労継続支援の事業所からは利用者が半年以上通ってこないとか、民生委員からは、気になる世帯があるので訪問して欲しいという形で伝えられてきます。こうした連絡を受けると、「近くに来たので様子を伺いに来ました」といって訪問をす

るようなことを行っていました。ある例では、事業所に行かないと言って本人が暴れるので、母親は好きなＤＶＤを見せて毎日過ごしていることがわかりました。民生委員から寄せられた情報に対しては、「この地区の担当者なので、担当区の挨拶回りをしています」、とまるで訪問販売のように訪ねていきました。すると、そこには80歳を過ぎた母親と、40代後半のひきこもり状態の息子がテレビゲームをして過ごしていることがわかりました。この二つの事例は、それなりの時間はかかりましたが、それぞれ福祉サービス等につなぐことができ、安定した暮らしができるようになり一息つくことができました。

　こうした重たい内容の訪問ばかりではありません。訪問して、うまくいっていることが確認できれば、「よかったね」といい、「また来るけど、それまでに心配なことがあったら電話をしてください」ということもあれば、「今利用している福祉サービスの利用で満足していますか」、「別のサービスを利用したくないですか」という話をすることもあります。

　こうしたときには、訪問に行く前に行先と帰庁時刻を同僚や係長に必ず伝えておきましょう。もし、帰庁予定時刻に遅れるようであれば、職場に一報してください。でも、こうした勤務時間内の訪問だけではないのが、福祉部局の特徴かもしれません。筆者の場合は、残業中に警察から電話が入ったこともあれば、平日の夜や休日に自宅にいるときに他課の職員や警察から連絡が入り、訪問を行ったということもありました。

## ⑦苦情や虐待等の通報は上司に報告し、勝手な判断はしないように

　訪問から帰ってくれば、また窓口での相談があり、電話での相談や連絡調整がありますが、こうした障害当事者や家族からのものとは別

に、ときどきは障害者に関する苦情や虐待の通報といったものもあります。苦情の場合は、その内容を事実と通報者の意見、自分の判断を分ける形でメモします。ときには激烈なクレームもあります。こうしたときは職場でサインを決めていると良いでしょう。例えば、手を高くさし上げ、指で数字を示すのです。「１」は「対応が難しい苦情」、「２」は「上司に替われといっている」、「３」は「対応を係長に回したい」というような事態をコード化しておくとよいでしょう。電話はチームで対応するものというマインドセットも重要です。

　もし、あなたが取った電話が苦情であったとしましょう。電話の主は、「近くの障害福祉サービスの事業所で働く障害者が一人で通所しているので、保護者が付き添うようにして欲しい。車の通りが多いので心配だ」といっています。あなたは、「何とかしてほしいという思いを持つに至った事実は車の通行量が多く、ぶつかりそうになった場面を見たのですか」と念をおしてみましょう。「そうだ」と言ったら、「何時頃でしたか、事業所にはお話をされましたか、それとも話していませんか」というように、事実を聞いてください。さらに事業所の名前、通報者の氏名と住所、電話番号も忘れずに聞いてください。そこであなたが判断して、「保護者に連絡をします」等々の回答を行ってはいけません。必要な情報を聞いたら、「上司に報告、相談のうえ、必要があれば調査を行ったうえで回答させていただきます」というように一旦、引き取るようにします。「保護者の付き添いを行うべきだ」という意見は、障害者を心配して言っているのかもしれませんが、障害者が一人で通所していることに不安を感じ、家の近くを障害者が一人で歩いて欲しくないという思いから通報したのであれば、「障害を理由とする差別の解消の推進に関する法律（障害者差別解消法）」に抵触する可能性もあります。なおさら、一人で判断は行わないように

しましょう。

　もし、電話が苦情ではなく、虐待の通報であったときは、行政で通報を受けた際の通報内容の記録から安否確認、さらには一時保護に至る手順が決まっているはずですから、それに沿って対応を行ってください。そのためには、あなたの机の上には対応マニュアルやタイムラインを記したものを常備しておくとよいでしょう。

### ⑧記録は簡潔、明瞭にまとめるように

　終業の時刻が近くなってくれば、電話や窓口対応の合間に相談記録を整えましょう。障害福祉の総合システムに記録を入力するだけでよいという自治体もあれば、個別ファイルに手書きで記入する自治体もあるでしょう。もしかしたら、紙とデジタルを併用している自治体もあるかもしれません。様々なスタイルがあると思いますので、あなたの職場のルールに従って書いてください。

　この記録は、あなたが異動するときには後任の職員が見ることになります。だから、記録はあなたがわかるだけでなく、未来の職員が読んだときに、これまでの経過や問題点が理解できるように記録されていることが必要ですし、少ない時間のなかで効率的に記録することも求められます。

### ⑨事務作業はダブルチェックで入力ミスをなくそう

　相談だけではなく、いくつかの手当や精神科の通院医療費の補助といった業務を担当することになるはずですから、相談の記録を書けば一日の仕事が終わるということはないはずです。これらは、システムで管理するものが多いはずですから、先輩や係長等に手ほどきを受けてください。そして、入力の際は間違わないことが大切です。この入

力ミスを起こさないということは実に大事なことなのです。ときどきニュースで、手当の過払いを行ったとか、税金を多く、あるいは少なく徴収した自治体のことが報じられますが、こうしたことのほとんどはシステムの改修ミスだったとしても、データの入力ミスであったとしても基本的には人の手で入力するときに何かを間違ったことで起こるものです。だから、入力作業は気をつけ、必ずほかの人も入って入力した数字等の点検を行ってください。

## イ　担当の"心構え"

　一日の流れと、そのなかでの留意点はすでにまとめましたので、ここでは障害福祉の第一線に立つ公務員としての心構えを記しますが、その前にフランスのデザイナーである故ココ・シャネルの言葉を紹介します。彼女は「20歳の顔は自然がくれたもの。30歳の顔はあなたの生活が、50歳の顔にはあなた自身の価値が表れる」といっています。これは、人の顔とは、その人の履歴書であるということなのでしょう。その人の歩んできた過程や生活も表れるということですから、前夜に痛飲すれば、その状態を反映した顔になるでしょうし、使命感に燃えて仕事に打ち込んでいるときは、その熱気を感じさせる顔になっているということなのでしょう。50歳まで待たなくても、その時々のあなたの顔は、あなたのマインドセットを反映しているはずです。相談に来た人も、対応する職員に期待もしますが、私のことを理解してくれるだろうかという不安も持っているはずです。こうしたときには、あなたの顔の表情が与える第一印象はとても重要です。

　盲導犬のことはご存知ですか。主にゴールデン・レトリバーというイギリス原産の犬が使われますが、なぜゴールデン・レトリバーなのでしょうか。そう問われると、温和な性格だからという答えが返って

くることでしょう。しかし、筆者はそのことに加え、ゴールデン・レトリバーの顔と答えます。誰もが、あの垂れ目風の温厚な顔に親しみをもつことでしょう。もし、ゴールデン・レトリバーではなく、シェパードやドーベルマンが盲導犬として建物に入ってきたらどうでしょうか。皆さんはドキッとされるはずです。このドキッとした理由は犬の顔です。このように顔の印象はとても重要なのです。そのため、当事者や家族、施設職員等と接する時には、あなたの顔の印象が大切であることを自覚してください。一日に数回は鏡の前に立ち、自分の笑顔チェックと併せて、顔の表情チェックも行ってください。当然ですが、清潔感のある服装にも心がけてください。

　饅頭を例に示すと、饅頭の皮には、実は中味＝アンコの味がしみ出てきます。あなたの熱意や専門的な知識の量、あなたを社会から排除しませんという意思がアンコです。このアンコの味が、必ず饅頭の皮の色つやをかえ、饅頭をさらに美味しそうにみせてくれるはずですから、職場を離れたときも障害福祉のプロとしての自覚をもち、先達の書を読むことや、関連する新聞記事にも積極的に目を通すようにしてください。こうした日々の努力が作り上げたアンコの味がしみ出した顔のことを、シャネルは「50歳の顔にはあなた自身の価値が表れる」と言ったのではないでしょうか。

## ①相談支援は合わせ技。でも限界があることも知ろう

　相談支援では、制度という道具を使って、相談に来た人の支援を行います。その人の生活のすべてを支えることは無理かもしれませんが、制度という道具が力を十分に発揮できるようにする触媒としての役割を果たすことができます。しかし、障害福祉が担当する制度だけでは無理なことも出てきます。例えば、本人だけではなく、子どももいて、

本人が介護している親がいることは稀ではありません。いくつもの問題が複合している世帯であれば、障害福祉の制度だけでは対応できません。介護保険の担当課や子どもの担当課が所管している制度の利用、上乗せも必要になってきます。このようにそれぞれの課という垣根を超えて、その人が必要としている支援を複数の制度を合わせて提供することを目指してください。

　このとき、誰が他課との調整を行うべきなのでしょうか。もっとも利用が多くなると想定されるサービスの担当課なのでしょうか。そういうこともあるでしょうが、筆者は全体のマネジメントが必要だと思った職員が行うことがもっともよいと考えています。なぜなら、こうした複数の課にまたがるケースの場合は、どこがマネジメントのリーダーになるのかという規則はないはずだからです。筆者も聞いたことがありません。だから、業務の押し付け合いはせずに、利用者を中心に置いて他の課とも連携をする。そして、その連絡調整については、必要があれば、あなたが手を挙げるという心構えをもってください。

　でも、利用できる制度がないということもあります。こうしたときは、制度＝道具がないので、「利用できる制度はありません」と頭を下げるしかありません。そして、次善策としてインフォーマルサービスで利用できるものがないかという検討を行います。その人のニーズとぴったり一致するサービスはないと思いますが、似ているサービスや代用できるサービスを提供しているボランティア団体等はないだろうかと探してください。こうしたときには、社会福祉協議会やボランティアセンター等との連絡調整を行うことになるでしょうし、民生委員の友愛訪問の対象にしたいと思えば、民生委員を統括する地域福祉担当課などと連絡調整を行うことになります。しかし、それでもできないこともあります。そんなときは、相談として話を聞き、その人の

思いを受け止めるだけでも立派な支援になりますので、「ときどき状況を知らせてください、お話を聞かせてください」と伝えます。

　無力感を感じることも多々あります。しかし、その人の話を聞き、あれこれと相談にのることも支援の一つです。その人とつながりを絶やさないことも大切な支援なのです。

## ②利用者の利益を最優先に考える

　もっとも大切なことは、相談に来た人が「来てよかった、役所は役に立つ場所だった」と実感していただくことなのですが、なかなかそうもいきません。なぜなら、願い事のすべてを聞き届けることができないからです。しかも、確かにその人の願いではあっても、それは障害福祉の担当課で対応するものではないというものもあります。だから、話をうかがい、それを整理し、そこから行政が支援をすべき福祉的ニーズと、それ以外の願いを整理しなくてはいけません。

　そのためには、相談に来た人の話にじっくりと耳を傾けることが大切です。相手のしぐさや言葉に込められた感情も感じとるようにします。それは、訴えの裏側に真の課題やニーズが隠されていることがあるからです。しかも、それらは話している人自身でも気がついていないものもあります。ここではあなたの想像力や洞察力が必要になるのです。

　例えば、知的障害をもつ成人女性が成年後見制を利用し、グループホームで暮らしていましたが、その女性の母親は、グループホームで娘が暮らすことを快く思わず、自宅に戻るように働きかけを始め、その相談のために窓口に来たと想定してみてください。女性自身はグループホームでの暮らしに満足しているのですが、母親は「私はこの子の母親だから、子どもは私の指示に従うべきだ」と訴え、「娘にグルー

プホームでの暮らしを続けるように吹き込んでいる後見人をクビにして欲しい」と訴えたとしましょう。さて、相談に来た母親の願いを実現すること、娘と一緒に暮らしたいという母親の願いを実現することがよい選択になるのでしょうか。

　結論からいえば、成年後見人が女性の身上監護を行うことになりますから、母親が住む場所を指定することはできません。そもそも母親は娘の自立をすすめようと思い、成年後見制度の利用に踏み切ったのですから、ここでは当初の願いである娘＝女性が母親以外の人の支援を受けながら、自らも望んでいるグループホームで暮らしたいということを優先すべきです。それに、女性は今の暮らしに満足し、母との同居を望んでいないのですから、女性の願いを最優先すること以外の選択肢はありません。

　ただし、そのようなことをいきなり母親に伝えてはいけません。母親の話は真摯に聞きましょう。その訴えに耳を傾けることで、歳を重ねるごとに娘のことが気になり、自分の手許に置いて守ってやらねばならないという気持ちが母親のなかで強くなったのではないかと考えることができるかもしれません。娘を守るのが母親の務めであると思っているのであれば、手許に置きたいという訴えは一理あります。でも、ここで洞察しなくてはいけません。もしかしたら、母親が娘のことを最優先にしているようにみえますが、実は最優先しているのは、娘と一緒に暮らしたいという願いであるかもしれません。

　さすがに、これは母親には言えません。そう思っていたとしても、指摘されたときに母親はどのような反応を示すでしょうか。怒ってしまい、「ここにはもう来ない」といって帰ってしまうかもしれません。もし、真実であったとしても、その真実をはっきり伝えない方がよいこともあります。こうした分析を行いつつ、母親には「娘さんはグルー

プホームでの暮らしを続けていきたいと考えているようですから、こ
こはしばらくこのまま様子をみませんか。心配なことや、気になるこ
とがあれば、私がお話はうかがいますので」と言って担当者の名前を
伝えるというのはどうでしょうか。

　私たちが最優先しなくてはならないのは、やはりサービスを利用し、
自分の望む暮らしを続けていこうとしている制度の利用者なのです。
筆者はグループホームで暮らし始めた知的障害者が、「もう施設には
戻りたくない」と言う、その理由になるほどと思ったことがありまし
た。その人は、グループホームでは冷蔵庫が自由に使えるからいいと
いうのです。今までいた施設では、冷蔵庫に好きなものを入れ、自由
に飲んだり食べたりすることができなかったそうです。親の願いもわ
かりますが、筆者はこのような小さな願いをかなえることこそ、利用
者を最優先にすることではないかと考えるようになりました。

### ③相手に興味を持ちつつ、尊重する良き隣人である

　相手に興味を持つことは失礼なことではありません。相手に興味を
持てば、いろいろなことが知りたくなります。なぜ、この福祉サービ
スを利用したいと思ったのだろうか。これと似た福祉サービスがある
のだけれど、なぜ、こっちのサービスを希望するのだろうか、という
ことを考えることになります。そうすることで、「似たサービスがあ
るのですが、ご存知ですか」と聞きやすくなります。もし、「それは、
どんな内容のサービスですか」という答えが返ってくれば、似たサー
ビスがあることを知らないのだ、ということがわかります。そこで、
希望されたサービスと、似たもう一つのサービスを説明することがで
きます。もしかすると、それを知ったことで似たサービスを希望され
るかもしれません。このように興味を持つことで、相手の思いや考え

をより深く理解することができるのです。

　こうした興味を持つときには、その人を「尊敬」することが必要です。興味だけであれば、詰問するようなことにもなりかねません。それにブレーキをかけるのが「尊敬」です。尊敬していれば興味本位なことは聞けません。

　相談者はあなたより年齢が高いことの方が多いでしょう。少なくともあなたよりも長く生きている方には敬意を払いましょう。若い方であった場合も、障害福祉の窓口に来るという選択をした人ですから、その選択をしたことを尊敬しましょう。そして、対等な立場で話をすることが大切です。こういう障害があるのだったら、こうしたサービスを利用すべきだ、と決めつけてはいけません。あなたが勝手に良かれと思って押し付けてしまっては父権主義（パターナリズム）といわれてしまいます。父権主義とは父親が子どもに向かって、子どもだからこうすべきだと諭すような対応のことをいいます。当然ですが、このような対応を行ってはいけません。これは「尊敬」とは違います。制度による支援を求めて窓口に来るわけですから、それなりに思い悩み、この場に来たのかもしれません。こうしたことだけでも尊敬に値します。

　だからこそ、自分の前に座っている人に負い目を持たせるようなことは行ってはいけませんし、質問のなかで与えてもいけません。関心をもち、「私はあなたの今の状態からニーズを見つけ出し、それに合うような支援や障害福祉サービスを提供したいのです。そのためには対話をしましょう。だから、これまでの体験を教えてください。」というつもりで対応しましょう。これが、尊重しつつ好奇心を持つということです。

## ④挨拶とお礼とお詫びの言葉ははっきりと口にだす

　これは窓口だけではありません。まずは最初にきちんと挨拶をしましょう。そして名札を見せて名前を伝えます。これができないと先に進みません。それほどに挨拶は大切なのですが、もっと大切なことはお詫びの言葉をはっきりと伝えることです。

　制度の説明は、わかりやすく、そして間違わずに説明することが大切です。説明をしたあとに、負担額の説明が違っていたことに気がつき、訂正が必要になることもあります。役所から通知文を送ったところ、同封した通知文の当人の名前が間違っていたことがありました。このことで苦情の電話があったとき、今から早速、係長と二人で正しい氏名が書かれた文書をお持ちしますので、と伝えました。ところが、今は仕事先からの電話なので、今晩の帰宅は遅くなると断られ、土曜日は休みだから、その日の午前９時に来てほしいということでした。そこで土曜日の朝、役所に集合した筆者と係長は、十分に余裕がある時刻に訪問先の近くに車を止め、車のなかでお詫びのリハーサルを行ったことがありました。その後、玄関前に行き、時報がなる少し前にチャイムを押します。インターホンがあれば、挨拶と私の名前、来訪の理由を述べ、玄関が開くのを待ちます。当然ですが、部下の不注意でご迷惑をかけているので、上司は言い訳を並べてはいけません。まずは当方の間違いで不快な思いをさせてしまった非礼をお詫びし、間違いが起こった経緯や、再発防止のために行うべきことを説明します。それでも納得されない場合もあります。

　しかし、お詫びの言葉をはっきりと伝えることができれば、理解いただけることは増えます。逆に、こうした言葉が明確でないと、後々こじれることもありますので、お詫びの言葉と、それを伝えるタイミングは大切です。筆者の場合、こうしたことは苦にはなりませんでし

た。こうした場面こそ、実は市民の考えていることや願いごとを直接きくことができる貴重な機会になるからです。こういうことがまずかったのか、こうしたサービスが望まれているのかということがわかりますし、改善点がみえてくることもありました。

## ウ　年間のスケジュール

　市区町村によって年間のスケジュールはやや違いがあるので、大きく四季に分けてお伝えします。

## ①春

　職場では新人歓迎会があり、職員組合があれば、組合主催の新人歓迎会もあるでしょう。これらは職場のなかで職員とのつながりをつくる良い機会になるので、是非、役立てて欲しいと願っています。

　さて、4月から始めたいところですが、3月に厚生労働省で開催される会議のことから始めます。この会議は「障害保健福祉関係主管課長会議」といい、都道府県と政令指定都市の担当課長らが厚生労働省の講堂（合同庁舎5号館低層棟2階）を埋めつくします。会議は午前10時に始まり、午後3時40分まで昼の休憩をはさみ続きます。その間、担当者が次々に登場して翌年度の予算から、国がすすめる施策、特に力をいれるべきことのポイントを説明します。2020（令和2）年3月9日の開催されたものの資料の目次を紹介すると以下のようになります。

1．令和2年度障害保健福祉関係予算案について
2．第6期障害福祉計画に係る基本指針について
3．障害者自立支援給付審査支払等システム事業（自治体分）の実施について

4．障害福祉サービス等に係る給付費の審査支払事務の見直しについて

5．障害福祉関係データベース（仮称）構築について

6．障害者総合支援法対象疾病について

7．身体障害者手帳及び療育手帳に関するマイナンバー情報連携について

8．障害者手帳に関する周知等

9．マイナポータルを活用した電子手続について

10．インフラ長寿化に係る個別施設計画の策定

11．障害者控除に係る「認定書」の交付事務について

12．令和元年地方からの提案に関する対応方針について

13．その他関係施策について

14．特別児童扶養手当等について

15．心身障害者扶養保険事業について

　これはほんの一部で、当日は膨大な資料集が何冊も机の上に置かれています。抽選になりますが、一般の傍聴も可能なので、筆者は課長補佐時代から年休を取って傍聴していました。この会議の後、多くの都道府県では、４月か５月に同様の主管課長会議を開催し、県から市区町村に同じ資料を用いて説明が行われます。

　ここに新規採用職員や、異動で初めて障害福祉担当課にきた職員は参加することはありません。係長や課長から説明を受けるはずですが、厚生労働省で開催される会議の資料はすべて同省のＨＰで公開されますので、自分が担当する業務のなかで制度の変更等がある場合は、変更の意図や具体的な変更点を理解するためには関連する部分だけでもいいので、目を通すことをおすすめします。

　春には、市区町村議会が開催されるはずです。通年開催というとこ

ろも増えていますが、筆者が勤めていた自治体の市議会の定例会は年に4回で、3月議会、6月議会、9月議会、12月議会となっていました。市議会を開催する期間を会期といいますから、一年に会期が4回あるということになります。通年開催では会期が一年になりますが、連日、議会を開催しているわけではありません。2014（平成26）年から通年開催とした京都市は市議会を「市会」といい、2月市会、4月開会市会、5月市会、7月特別市会、9月市会、11月市会として一定の時期に集中して開催しています。また、市民にも議会に関心を持ってほしいことから、市民が参加しやすい平日夜間や土日に開催する自治体も増えています。

　さて、この議会では議員から様々な一般質問が出てきます。例えば、市内の就労継続支援等の事業所で働く障害者が手にする賃金はどのくらいか、この賃金を上げる方策はないかといったことから、公共施設や商業施設にある障害者等用の駐車区画の利用対象者を、障害者、介護が必要な高齢者、妊産婦、けが人など、歩行が困難と認められる人に拡大して、こうした方々には利用証を交付する「パーキング・パーミット制度」の導入を行う考えはないのかといったものまで出てきます。答弁をつくるのは障害福祉担当課です。課長の指示で近隣市の実態の調査から、市内の事業所の利用者数といったデータを集めることとなります。もし、あなたの担当業務と重なることがあれば、資料作りやデータ集めという役割が与えられることになり、窓口業務や訪問の合間に取り組むことになります。

## ②夏

　夏の重要のミッションは、障害のある児童の養育者に国が支給している特別児童手当（通称「特児」）の「所得状況届」にかかる事務と

なります。これは現況届の一種で、特定の手当を引き続き支給する所得要件があるか等を調査するための書類で、該当者に一斉に郵送し、それらが返送されてくることになっています。特別児童扶養手当は８月に年度が切り替わる仕組みになっているので、８月に所得状況届が必要になってくるのです。通常は４月から翌年３月が年度となっていますが、特別児童手当のように８月から翌年の７月までを年度としているものがあることを、こうした作業をとおして理解していくことになります。

　そして、いよいよ９月の声を聞くころになると防災フェアがあり、来年度の予算編成の準備が始まってきます。それぞれ担当する業務の予算の執行状況を確認し、来年度は予算を増やすのであれば、どのくらいになるのかを推計する作業を始めることになります。

## ③秋

　イベントが多く開催されます。健康フェアや福祉フェア等が開かれますので、その応援に行くことになるかもしれませんし、制度の説明や障害者虐待防止の啓発キャンペーンを行うことになるかもしれません。そのときは出ていき、自らの説明する力を鍛えてください。その一方で予算については骨格が出来上がってきますし、新しく始める事業については直営か委託かどちらで行うのかということもほぼ決まり、財政から予算に関するヒアリングを受けることになります。この季節限定というわけではありませんが、秋に社会福祉系の大学の学外実習を受け入れることもあり、実習生がくれば数日は学生への対応が通常業務に加わることになります。

　ここで忘れてはいけないのが社会福祉法人の指導監査です。これは、社会福祉法人が行う社会福祉事業が適正に運営されているのかを確か

めるためのもので、厚生労働省が定める「社会福祉法人指導監査実施要綱」等に基づいて行います。以前は都道府県で行っていたのですが、社会福祉法が改正されたことで2013年からは主たる事務所が、その自治体の区域内にある社会福祉法人のうち、事業も主にその自治体の区域内で行われている場合は、その自治体が指導監査等を行うことになりました。このように都道府県が行っていた事業が市区町村に移管されてきているので、これまで以上の専門的な知識が求められるようになってきています。

## ④冬

　3月議会で来年度予算案は議決を経て確定します。でも、新年を迎える頃には来年度の予算は確定しているといっていい状態にあります。職員にもその内容が分かるものもありますが、議会の議決を経ていないものは形式的には確定したものではないので、他言無用といわれていました。しかし、これは各自治体の流儀ですから、予算については、ここはどんな流儀があるのでしょうかと係長に聞くのもいいでしょう。

　年度末ですから様々な報告モノが出てきます。なかでも重要なものは「福祉行政報告例」です。この「報告例」という表現は明治時代にも見つけることができますが、現在の「福祉行政報告例」は、1938（昭和13）年に制定された「厚生省報告例」に遡ることができ、2000（平成12）年からは今のような「福祉行政報告例」となっています。これは統計法に基づく一般統計という扱いになっています。

　これによって、社会福祉関係諸法規の施行に伴う都道府県、指定都市及び中核市が行っている福祉行政の実態が数量的に把握され、今後の社会福祉の施策のための基礎資料となっていきます。データは市区

町村から県に集められ、その後、厚生労働省に提出されますが、県への提出期限は翌年度の４月末となっているはずです。

　おそらく障害福祉の総合システムは、福祉行政報告例の帳票にデータが入力される仕組みになっているはずですから、システムに業務内容が毎日、きちんと入力されていれば、月報も年報も簡単に出力できるはずです。こうしたことからも、はやく業務システムの操作になれることが必要です。そして、その日の業務の集計はその日のうちに行うことを心がけましょう。

# 2　精神保健福祉担当のシゴト

（1）本庁（主幹課）の業務

　国、都道府県、政令市、市区町村など各自治体は行政機関としての組織があり、大きな区分けとしては本庁（主幹課）と出先機関に分けられます。本庁では、様々な施策の企画立案や財政、人事に関する全体を取りまとめ、各出先機関に指示を出し、その自治体における業務を円滑に行うことが求められます。なお、ここでは、今までの経験を踏まえた解説をすることとして、都道府県における精神保健福祉担当主幹課（県庁主幹課）を想定し、以下に千葉県を例に組織図を示します。

図2-3　千葉県の組織図・知事部局

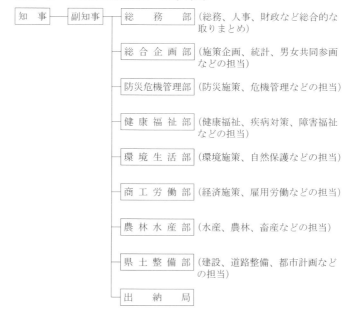

　一般的に各都道府県においては、その関係部門は、部、課、班（係）などの組織体制となり、現在の千葉県健康福祉部の主幹課を例にしてみると精神保健福祉領域では、健康福祉部に障害福祉事業課と障害者福祉推進課があります。この二つの課にはそれぞれ七つの班があり、その代表的な班とその業務内容（分掌事務）を以下に示します。（千葉県庁ＨＰ参照）

1）障害福祉事業課

・事業支援班（施設整備、障害福祉サービスの事業所指定など）

・地域生活支援班（障害者の生活支援、相談支援体制、発達障害支援など）

2）障害福祉推進課

・障害保健福祉推進班（精神障害者福祉に関しては、総合支援法に規定される更生医療及び地域生活支援事業、障害者スポーツ振興など）

・精神保健福祉推進班（精神保健福祉センター、地方精神保健福祉審議会、ア精神科病院の実地指導及び実地審査、総合支援法に規定される精神通院医療及び地域生活支援事業、精神障害者の地域移行支援事業など）

・精神通報対応班（イ精神保健福祉法に基づく措置事務、精神障害者に係る通報受理及び移送、精神科救急医療システムなど）

　上記に例示した業務内容はあくまで抜粋であり、それ以外にも障害者虐待防止法に規定される事務や障害者条例に関する事務なども行っています。行政機関における業務は基本的に根拠法令に基づく事務を行っており、精神保健福祉法や障害者総合支援法、その他関連する法令に基づき実施されます。

　具体的な業務ですが、上記記載（下線部分）の二つの業務を例にあげて、担当者の役割を簡単に説明します。


## ア　精神科病院の実地指導及び実地審査

　この業務は、精神保健福祉法第38条の６に規定される事務であり、各都道府県内に所在する精神科病院を指導監督するものです。「精神科病院に対する指導監督等の徹底について（厚生省大臣官房障害保険福祉部長、健康政策・医療安全・社会・援護局長通知）」に基づき、年１回行われる業務であり、保健所の精神福祉担当職員とともに管内精神科病院に出向き、実地指導及び医療保護入院や措置入院者に対する審査を行います。年間の実地指導及び実地審査のスケジュールを実地指導医との会議で計画し、当該精神科病院の設備、人員配置、医療行為などが適切に実施、運営されているかを監査、調査及び審査します。

　実地指導の運用では、事前に必要帳簿類の提出を求め、当日は現地に出向き、担当する精神保健指定医とともに担当者（事務職員及び精神保健福祉相談員）が審査を行います。具体的には、精神保健指定医や看護職の配置状況、診療録の記載内容、入院形態や隔離拘束の実態把握と適切な運用、その他入院者の処遇などです。例えば、「本来病室でない場所に入院患者を入院させている」「プライバシーが確保されていない」「入院届の提出期限を半年過ぎても未提出である」「看護職員数が水増しされている」「隔離拘束の事実は診療録に記載されていない」など、調査の結果、処遇等で著しく適当でない場合、改善事項や指導項目を確定し、病院管理者に対し改善計画を求め処遇改善命令を出すことになります。

　この業務は、適切な精神科病院の運用のためにとても大切な事務であり、入院者の人権擁護の観点からも、精神科病院の指導監督を担当

する都道府県にとって、精神科医療体制整備にとても大きな役割を果たしています。

## イ　精神保健福祉法に基づく措置事務（法施行業務）

法施行業務とは、精神保健福祉法に規定される申請、通報、届出業務を指します。具体的には、精神保健福祉法第22条（一般人からの申請）、第23条（警察官通報）、第24条（検察官通報）、第25条（保護観察所の長の通報）、第26条（矯正施設の長の通報）、第26条の2（精神科病院の管理者の届出）、第26条の3（心神喪失者等の状態で重大な他害行為を行った者に係る通報）に関わる事務です。特に主幹課で直接受理するものとしては、第24条（検察官通報）があり、その他の事務については、管轄保健所長を経由する事務となっています。

第27条（精神保健指定の診察）では、立ち合い吏員として、都道府県が指定した精神保健福祉士相談員などがその診察に立ち会うこととなります。これらの事務は、精神障害者のために自傷他害の疑いのある者に対する指定医診察の要否に関わる措置事務として位置付けられ、措置入院（行政処分）にかかる手続として、速やかにかつ適切に処理されなければならない重要な業務となっています。

## （2）業務実施体制と専門職

各課内の人員配置では、その多くが基本的には一般事務職ですが、精神保健福祉相談員（精神保健福祉士）の配置は、障害福祉推進班（3名）、精神通報対応班（10名）となっています。また、勤務体制は、通常勤務の場合は午前8時30分～午後5時15分までとなりますが、精神通報対応班の場合には、24時間通報を受理する関係から三交代制を

とっており、日勤（午前8時30分〜午後5時15分）、準夜勤（午後1時15分〜午後10時）、夜勤（午後4時15分〜翌日午前9時30分）と通常勤務とは異なります。

　千葉県では、警察官等からの通報など法施行業務の実施にあたっては、新たに精神通報対応班を設置して、24時間体制で通報受理体制を整えており、勤務時間外の夜間でも県内の各警察署からの要請に対応し、例えば、館山市など本庁から遠方であっても、担当者は現場まで出向き、事務吏員として状況調査の実施、必要に応じ第27条指定診察の立ち合い吏員などの役割を果たします。

　また、参考までに、千葉県内では精神保健福祉相談員が保健所ごとに2〜5名配置され、それ以外では児童相談所（児童虐待などへの対応）、女性センター（ＤＶ被害への対応）へも数多く配置されています。全国の各都道府県では人口規模により専門職の配置には違いがありますが、各自治体の実情に応じた配置がなされています。

## （3）主幹課担当者として心がける事柄

　ここでは、主幹課担当者が業務を遂行するにあたって、心がけるいくつかの事柄について以下に記述します。一般的なことばかりかもしれませんが、実は担当者として、実際に起こってほしくない訴訟などの事案もあり、以下に掲げる案件として、そのような問題が仮に起こった場合も含めて考え、準備しておくことが必要でしょう。

　とても大切なことは、主幹課には、自治体として責任のある対応が常に求められているということです。出先機関も含め周囲の機関からもその判断を求められることが少なくないため、しっかりと都道府県として、対応していきたいものです。

## ア　問い合わせへの対応など

　業務上、本庁主幹課担当者の言質については、都道府県の判断と理解されることがあります。例えば、精神科病院の実地指導等で入院患者の隔離拘束など行動制限などの処遇について質問等があった際、基本的には、担当者個人の意見や考えではなく、法律等に準拠する形で対応します。担当者個人の解釈として伝えた場合でも、当該都道府県の判断として、診療録などに記載されることもあり、どちらでも解釈ができるような曖昧な回答になる場合には、主幹課にいったん持ち帰り、上司と協議したうえで回答するなど、その場での即答はしないことが大切です。このように担当者は常に都道府県を代表する人として見られるため、その対応には十分に注意する必要があります。

## イ　公文書開示請求（情報公開制度）

　業務を行う場合、その事業に関わる起案等の事務手続や相談対応記録等の行政文書は、事業業務内容別、実施年度別等、保存期間別に簿冊などにわかりやすく明確に整理することがとても重要です。これは、主幹課のみの事項に限らないのですが、関係機関や対象者とのやり取り、経過について、いつどんな内容の事務的な処理を行ったのかを記録として、しっかりと保存しなければならないからです。特に診療録や相談記録に残す場合には、日付、具体的な記述内容、記録者名などを、その経過と責任の所在をわかりやすく明確に記述するよう、心がける必要があります。

## ウ　自己情報開示請求（個人情報保護法）

　これは、自治体が自己の所有する請求者（住民）自身に関する情報について、適切な管理がなされているかを確認することができる制度

です。このような情報公開に関する制度の内容をしっかり理解して、求めに応じて記載内容の修正など適切な手続を持ち情報開示ができるよう日頃の業務や手続を実践することがとても大事です。請求に対する決定に不服があった場合には、審査請求ができること、場合によっては、行政事件訴訟法の規定により開示等の決定の取り消しを求める訴訟ができることも把握しておくことが必要です。

## エ　訟務に関する事項

　業務遂行では、法的根拠に基づき実施することになりますが、行政的な判断に基づく執行では、判断や執行を受けた利用者から各都道府県は訴訟提起され、その対応が求められることになります。損害賠償請求訴訟など訟務対応については都道府県に訟務担当部署があり、主幹課担当者が、訟務担当者や弁護士と連携することになります。

　これらの訴訟提起は、何年も前の過去の処遇に対して行われる場合もあり、筆者が担当した千葉県が被告とされた損害賠償請求事件では、裁判の法廷スケジュールに合わせた定期的な打ち合わせが年に何回も行われ、地方裁判所の判決まで1年以上もかかり、最終的には最高裁判決に至った判例もあります。これらの事務では、ただ単に訟務担当課が関わるだけではなく、必ず業務担当者が就くことになり、通常の精神保健福祉業務のほかに、重責な裁判にかかる業務が追加されるため、主幹課担当者の負担は大変大きくなります。

　行政文書の保存の項目でも述べましたが、診療録や相談記録そのものが訴訟提起した原告側の公文書開示請求によって入手され、書証として裁判所に提出されました。そのため、書証とされうることも十分に意識し、根拠法令を確認しながら、相談記録など業務遂行時に丁寧な記述に心がけることがとても大事となってきます。

## オ　行政不服審査法に基づく審査請求（異議申立て）への対応

　主幹課が直接関わる精神保健福祉業務では、行政処分である措置入院の発動などに対して、行政不服審査法に基づく審査請求が提出されることがあります。件数は決して多くはありませんが、ただ単に措置入院に関する執行手続の実施ではなく、入院者に対して丁寧に説明して告知をしているかなど、意識して処分を言い渡すことがとても大切です。

## （4）専門職に求められる能力

### ア　一般事務職員と対等の能力の獲得

　各自治体の主幹課の人事配置については、圧倒的に一般事務職が多いと前述しました。そこで、とても大事なことは一般事務職の多くは、行政職としてのかなり広範な事務処理能力、県行政上の企画立案とそれに伴う人事や予算処理と財政部局と調整する高い能力を有しているということです。

　そのため、筆者が主幹課に配属された際、精神保健福祉相談員の先輩に助言されたのは、「相談員として力を発揮するだけでなく、一日も早く事務屋（一般事務職の通称）としても認められなければならない」という言葉でした。主幹課に配置された専門職である精神保健福祉相談員は、常に精神保健福祉領域の専門職としての専門性を発揮するだけでは事足りず、一般事務職に負けない、あるいは対等の事務処理能力と企画力、財政担当者への説明調整能力などが求められているのです。

## イ　「款項目節」を理解する

　「款項目節」とは何なのでしょうか。これは、旧会計法の予算科目として、「款項目節」（現行財政法では、「部・款・項・目・節」）という分類科目のことを指します。今まで、保健所など出先機関では、専門職として精神保健福祉業務を実践していた時は一切予算に関する業務はありませんでしたが、本庁など事業と予算に関するヒアリングでは、主幹課の事業担当者は、新年度予算案策定に際し、財政担当課の職員と交渉することになります。このような言葉などについても理解し、しっかりと財政担当者と交渉できる能力が求められるのです。

## ウ　エビデンスに基づく新たな制度の創設能力

　自治体によっては、年度途中に新たな年度に向け、新たな諸制度やサービスについて企画し、人事と予算（案）に関する提言することが求められます。既存の制度やサービスで不足している事柄を勘案し、より良い諸制度やサービスの仕組みを提言できるよう、常に問題意識を持ち、様々なニーズや調査に基づくエビデンスによる実現可能な新たな制度やサービス、仕組みを作り上げられるよう常に意識化することが求められます。

## エ　効率的な業務の遂行

　よく県庁などは夜遅くまで建物の電気がついていると言われており、現在もなお時間外勤務が多くある自治体も少なくないのではないでしょうか。業務は、効率よく速やかに行うことはもちろんですが、通常の昼間の勤務時間は、出先機関や関係する機関からの問い合わせや様々な調整会議等で追われ、結果として、本来業務を行う時間は、夕刻以降になることも経験上少なくありません。また、特に年2回あ

る議会対応などでは、その質問内容によって、深夜や徹夜してまでも議会に対応しなければならない業務を行うこともあります。そのため、適切かつ効率的に業務を遂行することはとても大事なことなのです。

### オ　行政文書の起案作成と簿冊、保存期間などを知る

　行政機関の年度始まりは４月１日、終わりは３月31日となっています。主幹課の担う事業も当該年度ごとに整理され、作成されたすべての文書は簿冊に保存されます。これらの行政文書は、すべてが永遠に保存されることはなく、文書の保存期間は30年、10年、５年、３年、２年及び１年とされ、特に重要文書は、長期保存となり、保存期間を経た文書は廃棄されます。これは、事業や業務の実施と事務処理の原則に即して行われるものです。主幹課担当者は、専門職であっても前述した公文書開示請求や訴訟提起なども意識し、行政文書の取り扱いにおいては、丁寧に処理過程を明らかにしていくことが求められます。

## （5）精神保健福祉相談員（ソーシャルワーカー）の配置と本庁業務

　日本精神保健福祉士協会によると医療、保健、福祉など領域ごとの比率を見た場合、行政機関に勤務する精神保健福祉士の数はとても少なく、保健所や精神保健福祉センターではなく、本庁に勤務する精神保健福祉士はさらに少ないと思われます。

　今まで記述してきたように、主管課は、各自治体の精神保健福祉行政の要であり、条例の策定や障害福祉サービス等の企画立案を実践する中枢として機能します。主管課に配属された精神保健福祉相談員（ソーシャルワーカー）は、一般事務職としての機能も持ち合わせなければなりませんが、一方、本庁でしかできない業務もあり、特に新

たな制度サービスの創設には、精神保健福祉の専門職である精神保健福祉相談員（ソーシャルワーカー）は大変大きな役割を担います。

　筆者の経験では、専門職が本庁に登用されていなかった時代には、一般事務職だけで精神保健福祉施策が決められていました。しかしその後、精神保健福祉相談員（ソーシャルワーカー）の登用が年々促進され、精神保健福祉領域における専門職が施策の企画立案に大きくかかわったことは、多様化したニーズへの対応として、とても大きな変化であったと思われます。さらに今後は、昨今のマスメディアに見られる児童虐待事案などへの対応や、ＤＶ（ドメスティックバイオレンス）対策として、児童相談所や女性センター（シェルター）など行政組織への精神保健福祉相談員（ソーシャルワーカー）の登用は、今後もさらに進んでいくと考えられます。

# 対象者との関係―距離感と自他境界

## 距離感

　距離感は専門用語ではなく、一般的に人と人の間における隔たり、いいかえれば付き合い方を示します。距離感が近いと表現される場合、馴れ馴れしさがあったり、対象者の心や生活のテリトリーに入り込みすぎたりで、以下に示す関係性を表現することがあります。

## 自他境界（バウンダリー）

　「この人自他境界があいまいな人だから」と関係者から告げられる場合があります。自分と他人の境界には大きく分けて、体の境界と、心の境界があります。心の境界は見えづらく線を引きにくいという点があります。発達障害やパーソナリティー障害のある人の中には、自分が守るべきテリトリーと他人が守るべきテリトリーの区別がつかず、通常、他人には言えないような秘密を告げたり、自己開示をしたり、かと思えば支援者の感情や生活にコメントしたり、探りを入れたりする人がいます。支援者、被支援者の関係を超えていると感じる場合、支援者は自身のテリトリーを守って当たり前と考えてください。言葉で理解していても相手のパワーや無意識の関係のなかで距離が近い関係ができてしまうことがあります。適切でない関係を指摘された時には、その指摘に耳を傾け、適切なスーパーバイザーを見つけ支援関係の見直しを図ってください。

# 3　関係機関

## （1）民生委員・児童委員

　民生委員・児童委員は福祉職員が支援を展開していくうえでの連携相手として欠かせない人たちといえます。民生委員の多くはそれぞれ地域を担当しており、支援の対象者と同じ地域で生活する住民でもあるため、地域の状況をよく知っています。行政に対しては担当地区住民についての相談をもちかけ、必要な支援が受けられるよう活動します。行政側としては、アプローチできない方に対して民生委員に協力をいただいて同行訪問したり、行政窓口やサービスの紹介をしていただいたり、関わるきっかけを作っていただくなど、地域住民の身近な相談相手として、地域住民と公的機関・専門機関をつなぐ大きな役割を担っています。

　民生委員は、民生委員法に基づき、厚生労働大臣から委嘱された非常勤の地方公務員です。具体的な活動内容は社会調査、相談、情報提供、連絡通報、調整、生活支援、意見具申とされており、その職務は民生委員法第14条で規定されています。地域住民を同じ住民の立場から見守り、支える民生委員の役割は重く、活動も多岐にわたります。特に支援を必要とする人の私生活や個人のプライバシーに関わること、時に触れられたくない問題に介入することも多くあり、守秘義務が課せられていますが、給与の支給はなく（無報酬）、ボランティアとして活動（任期は３年、再任可）する、民間の奉仕者です。

　また、民生委員は児童福祉法第16条に基づき、児童委員を兼ねることとされており、民生委員イコール児童委員ととらえて差し支えない

といえます。児童委員の支援の対象は児童および妊産婦で、児童の健やかな育成のために、民生委員同様に対象者の生活状況を把握したり、必要な支援が受けられるように相談に乗ったり、事業者や児童福祉司、福祉事務所等と連携をはかっていったりします。なお、児童委員のなかには、厚生労働大臣の指名により主任児童委員として活動する人がいます。主任児童委員は児童委員と児童福祉関連機関とをつなぎ、また児童委員の活動を支援します。

　行政の福祉職にとってはとても頼りになる存在で、強力な支援者ですが、以上のような大きな責務を担うことから、近年担い手不足の問題が指摘されています。人々の問題の複雑化や多様化、近隣のコミュニケーションのあり方の変化など、民生委員の活動に二の足を踏む人も多くいるであろうことは想像に難くありません。民生委員の負担を少しでも軽減できるように地区活動をしていくこと、また協働していく姿勢が行政の福祉職に求められています。

## 💬 （2）警察

　警察とは、警察法第2条1項において規定される個人の生命、身体及び財産の保護、犯罪の予防、鎮圧および捜査、被疑者の逮捕、交通の取締りその他公共の安全と秩序の維持を責務とする行政機関とされています。

　精神保健福祉領域における警察との連携では、警察官職務執行法第3条（保護）に規定されている精神障害者の保護に関わる処遇が考えられます。同法1項及び2項では、警察官が「精神錯乱又は泥酔のため、自己又は他人の生命、身体又は財産に危害を及ぼす恐れのある者」を発見した際には、「できるだけすみやかにその事件を適当な公の機

関に24時間以内にその事件を引き継がなくてはならない」とあり、公の機関である保健所は、通報を受理し、保護されている精神障害者への緊急対応が求められます。

　これらの業務は、保健所の法施行業務とされ、申請・通報・届出業務の一つとなります。この法的根拠は、精神保健福祉法第23条（警察官の通報）であり、「警察官は精神障害のために自身を傷つけ又は他人に害を及ぼすおそれがあると認められる者を発見した時は、直ちに、保健所長を経て都道府県知事に通報しなければならない」とされています。

　警察官に保護された精神障害の疑いのある者については、保健所の職員（立合吏員）の状況調査で精神保健指定医診察の要否が判断され、必要があれば法の規定により2名以上の精神保健指定医の診察を受けることになります。診察の結果、「自傷他害のおそれ」すなわち措置入院（法第29条）の要否について判断がなされ、措置入院が必要と診断されれば、その診察結果を受けた都道府県知事は措置入院命令を発動します。これらの一連の法手続は、措置入院（法第29条）の必要性のある者に対して実施されるものであり、地域精神保健福祉領域における警察が関わる業務上の法手続となります。

　また、警察に対する協力要請の観点では、家族支援において、未治療や医療中断等による精神疾患の病状悪化や精神運動興奮状態など、家族だけでは対応が困難な場合も少なくありません。緊急時の対応に限らず、日頃から保健所などを通じて警察官等の立ち会いや受診時の同行支援や臨場を求めることがとても大切です。特に8050問題を抱える高齢な家族などの場合には、冒頭の警察法の規定にあるように、障害者本人、家族とも互いに怪我をしないよう、特に安全な受療支援のためにも、事前に派出所や地元の警察署の生活安全課などに協力を要

請し、保健所と共に連絡調整をしておくことはとても大事なことです。

## 💬 （3）保健所

　保健所は、地域保健法に基づき、都道府県、地方自治法に規定する指定都市、中核市のほか、政令で定める市及び特別区に、地域住民の疾病予防や健康増進、環境衛生に関わる公衆衛生に関する行政機関として設置され、全国に、472か所あります（2019（令和元）年現在）。

　保健所は、「保健所及び市町村における精神保健福祉業務運営要領」（平成12年３月31日障発第251号）に規定され、地域精神保健福祉業務における行政機関として精神保健福祉法をはじめとする関係法規に規定された業務を行います。また、地域住民のニーズに応じた精神保健福祉サービスを実施するため、都道府県知事や市町村長に任命された精神保健福祉相談員が配置されます。精神保健福祉相談援助業務にかかる職種では、精神保健福祉相談員のほか、医師、保健師、看護師、認定心理士などが配置され、業務の実施にあたっては、精神保健福祉士や保健師などが中心に担当しています。

　精神保健福祉業務は、心の健康に関する普及啓発活動と企画立案、市町村や施設等職員を対象とした研修の実施、患者会や家族会、断酒会やＡＡ等の自助グループ、ボランティア団体や支援組織等の組織育成、精神科嘱託医、精神保健福祉相談員、保健師などによる精神保健福祉相談、医療中断者などに対する危機介入や受診勧奨、日常生活支援などに関する訪問指導、社会復帰及び自立に向けた保健所デイケアなどの日常生活支援、精神保健福祉法に規定される申請、通報、届出等の措置入院関係業務（法施行業務）、医療保護入院届や定期病状報告書などの事務、精神障害者の移送に関する業務、管内精神科病院に

対する指導監督などを実施しています。

　保健所は、地域精神保健福祉活動の中心的な行政機関として、市区町村や精神保健福祉センター、福祉事務所、精神科医療機関、障害福祉サービスを実施する相談支援事業所、当事者団体などと密接に連携しながら、精神障害者の早期治療の実現や社会的自立、社会参加の促進を図り、さらには地域住民の心の健康の保持増進を推進し、多様化するメンタルヘルス課題への対応も含めた大きな役割を担っています。

　今後は、精神保健福祉の専門性と広域性をもつ保健所と、在宅精神障害者の障害福祉サービスを実際に提供する市区町村とが相互に連携し、技術的協力と相談支援体制のさらなる強化を図っていくことが求められています。

## （4）精神保健福祉センター

　精神保健福祉法第6条に規定される精神保健福祉センター（以下、センターという）は、1965（昭和40）年の精神衛生法一部改正時に精神衛生に関する技術的中核総合技術機関として位置づけられ、現在、全国には都道府県（49か所うち東京都のみ3ヵ所）及び政令市（20か所）に合計69か所設置されています（2022（令和4）年現在）。

　センターは、行政機関として位置付けられ、「精神保健福祉センター運営要領」（平成8年1月19日健医発第57号）によれば、都道府県及び政令市における精神保健福祉に関する総合的技術センターとして地域精神保健福祉活動の中核となる機能を備えるとされています。また、センターの目標は、地域住民の精神的健康の保持増進、精神障害の予防、適切な精神医療の推進から社会復帰の促進、自立と社会経済的活動の参加の促進など広範囲にわたり規定されています。

　配置される職員は、精神科医、看護職（保健師、看護師）、精神保健福祉士、認定心理士、作業療法士などであり、各センター独自の事業を実施し、展開しています。

　センターの主要な業務は、①一般住民に対する精神保健福祉の知識、精神障害についての正しい知識や精神障害者に対する権利擁護に関する普及啓発、②地域精神保健福祉に関する調査研究、③精神保健福祉に関する複雑困難な相談や関係機関への指導、社会復帰相談、アルコール薬物相談などの特定相談、④精神医療審査会の事務、審査に必要な調査等の実施、⑤精神障害者保健福祉手帳の交付申請に関わる決定、⑥自立支援医療（精神通院医療）の支給認定（判定）、⑦精神保健福祉対策に関する企画立案、地域精神保健福祉に関する提言、⑧精神保健福祉領域における人材育成、⑨関連団体への組織育成などとなっています。その他、一部のセンターの業務には、精神科の診療機能や精神科デイケアなどの実施、夜間・休日の精神医療相談窓口として精神科救急医療システムにおける精神科救急情報センター業務、医療観察法における医療機関の紹介や受診指導などの業務があり、地域自殺予防情報センターやひきこもり支援センター、発達障害者支援センターの機能をもつセンターもあります。

　また、近年では、事件や事故後の危機対応指導（クライシスレスポンスチーム：ＣＲＴ）と犯罪被害者支援、広範災害時の心のケア活動などのほか、思春期やアルコール・薬物関連事業、高齢者のうつ病対策、自殺予防対策の一環として、自死遺族支援への取組や官民共同によるゲートキーパー研修の開催、高齢者や障害者、子育てと児童虐待予防に対する取組、ＬＧＢＴの当事者支援、異文化ストレスに伴う異文化適応障害、ピアサポーター研修の実施など、心の健康に関する今日的な課題への幅広い対応にもセンターは大きく関わっています。

##  （5）市町村保健センター・市町村の地域保健担当部署

　市町村保健センターは地域保健法第18条に示される施設です。その設置には保健所のような設置義務はなく「市町村は市町村保健センターを設置することができる。」とされています。実際には、2,457の保健センターが全国に設置され（2021（令和3）年4月1日現在）、市町村の多くが保健センターを有し、住民の利便性等から複数の保健センターを設置している市町村もあります。また同上2項では「市町村保健センターは、住民に対し、健康相談、保健指導及び健康診査その他地域保健に関し必要な事業を行うことを目的とする施設とする。」と定められています。市町村保健センターは母子保健事業や各種検診、健康相談、健康作り活動や情報提供の場としての機能があります。そのため、市町村保健センターにはこれらの事業を行う相談室や集団健診室、調理実習室のほか、地域保健を担当する部署の執務室などがあります。全国的には職員が常駐して住民サービスに当たる場合が多いのですが、事業を行うときにのみ使う施設として機能させる市町村もあります[1]。

　保健・健康増進等に関わる事業を行うために、市町村には医師や歯科医師、保健師、管理栄養士、健康運動指導士、歯科衛生士などの専門職（非常勤、嘱託を含む）がおり、多くが市町村保健センターや地域保健担当部署に配属されています。なお、配属されている職種で最も多いのは保健師です。保健・医療支援を必要とする住民の中には、経済的な問題を抱えている人もおり、保健・医療職と福祉関係部署職員と連携して住民支援にあたることで、問題解決や生活の安定化につながります。したがって、実際には福祉職と保健・医療職の連携は日常茶飯事で、特に保健師の専門性や活動を理解することはスムーズな

連携につながるといえます。

　福祉職員が市町村保健センター職員のもつ保健や医療の知識・技術を活用することで、相談者に対する理解を深め、共にかかわることで健康上の問題を切り口として事例にアプローチすることが可能になります。なかでも保健師による家庭訪問は母子保健法や感染症法によって定められており、同行訪問により困難な事例へのアクセスが可能になることも多くあります。保健師による家庭訪問は、法に定められた対象のほか、①治療中断や未治療など医療上必要とされるケアを受けていない人、②検診で要治療や要精密検査となった人、③検診や健診の未受診者などが優先されます。こうした課題を持つ人たちへのアプローチに保健センター職員との協働は効果的です。ただし、家庭訪問ができるとはいえ、法的に定められていない事例や、市町村が実施する検診や健診の対象者ではない事例（例えば、社会保険に加入している特定健診受診者など）などで、事例自身が行政による支援を拒否する場合は、健康上の問題を抱えていたとしても保健センターからアプローチすることが難しいのが実情です。

　現在は多くの市町村保健センターは子育て支援や健康づくり活動の拠点として機能していますが、今後は地域包括ケア事業を展開する場として、また保健・医療・福祉・介護の連携強化や災害時の拠点としての機能を持たせることを検討している市町村もあります[2]。住民に対するワンストップの総合相談窓口としての機能強化がはかられていく保健センターや地域保健担当部署は、福祉職にとっていっそう身近な部署となっていくと思われます。

**（6）社会福祉協議会**

「社協」の略称でも知られている社会福祉協議会は、民間の社会福祉活動を推進する団体として作られた組織で、1951（昭和26）年に制定された社会福祉事業法（現社会福祉法）に基づいて設置されています。同法第74条には都道府県社会福祉協議会と市町村社会福祉協議会は以下の事業を行うこととしています。

1　社会福祉を目的とする事業に関する調査

2　社会福祉を目的とする事業の総合的企画

3　社会福祉を目的とする事業に関する連絡、調整及び助成

4　社会福祉を目的とする事業に関する普及及び宣伝

5　前各号に掲げる事業のほか、社会福祉を目的とする事業の健全な発達を図るために必要な事業

6　社会福祉に関する活動への住民の参加のための援助

7　市町村協議会の相互の連絡及び事業の調整

日本の全体を眺め、国民的課題を推進する運動を押し進め、その成果をより良い地域福祉の基盤整備へと結びつける役割を担っている全国社会福祉協議会があり、その下の都道府県社協と政令都市社協が59あり、市区町村社協は約3,000か所に存在しています。

都道府県社会福祉協議会は、県域での地域福祉の充実をめざした活動を行い、判断能力に不安のある人の福祉サービスの利用援助や日常的な金銭の管理等を行う日常生活自立支援事業を市区町村社会福祉協議会と連携して実施しています。また、福祉サービスに関する苦情の相談を受け付け、助言を行い、問題の解決を図るために運営適正化委員会を設置し、福祉サービスの質の向上を図ることをめざす「福祉サー

ビスの第三者評価事業」にも取り組んでいます。

　一方、市区町村社会福祉協議会は、災害時には災害時ボランティアセンターを立ち上げて被災地支援にも取り組み、福祉への理解を進めるために小中高校における福祉教育の推進、各種の福祉サービスや相談活動、ボランティアや市民活動の支援、共同募金運動への協力などを地域の特性に応じて活動しています。高齢者や障害者の在宅生活を支援するために、ホームヘルプサービス（訪問介護）や配食サービスなどの福祉サービスを行っている社協もあります。

図2-4　A市社会福祉協議会の組織図

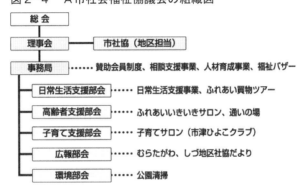

図2-5　B市社会福祉協議会の収入の内訳

| 社協会費 | 一般会費・特別会費・法人会費 |
|---|---|
| 共同募金配分金 | 地域福祉配分金・歳末たすけあい募金配分金 |
| 寄附金 | 個人・団体・事業所から |
| 公的財源 | 社協運営費事業補助金（人件費・事業費）<br>福祉施設委託費（市民総合福祉会館・福祉作業所・老人福祉センター）<br>介護保険収入（介護報酬・利用者負担金）<br>障害者自立支援事業収入（介護給付費報酬・利用者負担金） |

　図2-4、図2-5からは、社会福祉協議会は様々な事業を行っていることがよく理解できると思います。特にＢ市の社協は、公の施設の運営管理を行い、介護保険に定めがあるサービス、例えば居宅介護のヘルパーの派遣等を行い、障害福祉サービスの介護給付に該当するサービスを提供する事業所を運営していることが、Ａ市の社協は介護予防事業を行っていることがわかります。

　このように社会福祉協議会の事業は様々で、その規模にも差があります。だからこそ、障害福祉担当課の職員は、勤務地にある社会福祉協議会が唯一の社会福祉協議会と思ってはいけません。地域のＮＰＯ法人の方が重要な事業を進めているような社会福祉協議会もあれば、地域の福祉活動をリードし、後見センターといった超高齢社会に必須な事業に取り組んでいる社会福祉協議会もあることを理解しておきましょう。

## （7）地域生活定着支援センター

　2009（平成21）年、すべての都道府県への設置を目指したのが地域生活定着支援センターです。もしかして「地域活動支援センター」のことかな、と思ったかもしれません。地域活動支援センターよりも数は圧倒的に少なく、地味な存在ですから、そう思われるのも当然です。

　そこでまずは、この地域生活定着支援センターが設置に至った背景の説明から始めます。実は近年、刑務所等の矯正施設に収容されている受刑者のなかに、本当は福祉的な支援が必要な人がいることがわかってきました。実は、筆者が障害福祉課長としてかかわった障害がある男性が軽微な犯罪を重ね、とうとう刑務所に収容され、そのなかで亡くなってしまったことがありました。その方が亡くなったという

連絡を受けて以来、筆者は年休をとっては裁判の傍聴のために裁判所に通い始めました。ある累犯障害者の裁判の結審の日、裁判長は「○○を懲役10月に処する」といい、そのあと「刑務所にはいることになりますが、そこで反省して、二度と犯罪をしない人間になってください」と諭すような場面を何度も見ました。筆者はそのとき、「違う、この人は刑務所ではなく、社会のなかで日常生活の過ごし方や人とのコミュニケーションの方法、自らの生きる道を一緒に考え、見つけることを支援する人の伴走が必要なのだ。この人の過ごす場所は刑務所じゃない」と何度も叫びたくなりました。この人たちには刑務所ではなく、社会のなかで生活経験が必要なのです。

　ある裁判で、刑務所と社会を何度も行き来している累犯障害者に向かって裁判長が「刑務所は自由がないでしょう。刑務所の生活がいいのですか」と聞いたことがありました。裁判長の質問に対し、被告である障害がある人は「自由はありませんが、そこを我慢すれば、やることがあって仲間もいるので、いい場所です」というようなことを言っていたことがありました。

　実は、こうした矯正施設にいる障害がある人たちの出所後の支援＝出口支援を行うのが地域生活定着支援センターで、社会福祉の領域では「司法福祉」といいます。センターの相談員は、出所を控えた当事者や支援者、不動産業者から雇用主を含めた地域で暮らす人々の不安や課題を整理し、当事者の不安を中心にすえ、周りの不安を一つずつ解消し、地域に支援の輪を広げていきます。もしかしたら、突然、「地域生活定着支援センターの相談員です、この地域に暮らしていた出所予定者がいまして、この住み慣れた地域でやり直したいと言っています。ご支援をお願いに来ました」という挨拶を受けるかもしれません。そのときは、是非、その相談に応える方向で課内でまとめていただけ

ると幸いです。

　参考として法務省が出している『法務総合研究所研究部報告52』に掲載された「知的障害を有する犯罪者の実態と処遇」のなかの表「2－2－1－7表　特別調整対象者の出所人員」を紹介します。この「特別調整対象者」とは、地域生活定着支援センターの相談員が関わった出所者のことで、出口支援の対象者ということになります。この統計の対象期間の2009（平成21）〜2012（平成24）年というのは、地域生活定着支援センターの設置が始まり、すべての都道府県の整備が完了するまでの期間です。

図2-6　特別調整対象者の出所人員

**① 特別調整対象者**　　（平成21年4月1日〜24年12月31日の累計）

| 区　　分 | 人　　員 |
|---|---|
| 特別調整対象者の出所人員総数 | 1,124 |
| うち，知的障害受刑者 | 320　(28.5) |

**② 知的障害受刑者の出所事由別**　　（平成22年〜24年）

| 区　　分 | | 総　　数 | 出　　所　　事　　由 | | |
|---|---|---|---|---|---|
| | | | 仮釈放 | 満期釈放 | その他 |
| 知的障害受刑者の出所人員総数 | 22 年 | 316 | 126 | 173 | 12 |
| | 23 年 | 379 | 145 | 221 | 9 |
| | 24 年 | 463 | 196 | 247 | 19 |
| うち，特別調整対象者 | 22 年 | 49　(15.5) | 6 | 40 | 1 |
| | 23 年 | 121　(31.9) | 17 | 98 | 3 |
| | 24 年 | 143　(30.9) | 11 | 123 | － |

注　1　法務総合研究所の調査による。
　　2　（　）内は，出所人員総数に占める比率である。
　　3　出所事由の「その他」は，死亡等である。
　　4　②は，出所事由の内訳が不詳の施設があるため，出所事由別人員の合計は総数と一致しない。

出典：法務省『法務総合研究所研究部報告52』

※①の「特別調整対象者」とは、調査が行われた期間に出所し、その際、地域生活定着支援センターが支援した人は1,124人で、そのうち320人（28.5％）が知的障害者でしたということを示しています。

※②知的障害受刑者の出所事由別の表は2010（平成22）年〜2012（平成

24）年の３年間に出所した知的障害者の数と、そのうち地域生活定着支援センターの支援を受けた人の数をまとめたものです。地域生活定着支援センターの支援が年々、増えていることが分かりますが、それでも2012（平成24）年は143人で、知的障害者の出所者の３割しか支援できていないということがわかります。

　これを見ると、先ほど書いたように地域生活定着支援センターの相談員が足を運ぶよりも、実は日々の相談支援のなかで知的障害がある出所者に出会う可能性の方が高いように思われます。もし、そういう人と出会ったら、あなた一人で背負うのではなく、地域の障害福祉のネットワークや、民生委員等のネットワークも利活用して、その人が塀のなかに戻らなくても、暮らしていけるような支援をしてください。

## 参考資料

１）常駐する職員がいない保健センター・類似施設は29.5％（平成29年公衆衛生協会調べ）

２）日本公衆衛生協会：平成29年度地域保健総合推進事業「平成29年度『市町村保健活動調査』『市町村保健センター（類似施設・その他保健拠点含む）調査』報告書」、平成30年３月、http://www.jpha.or.jp/sub/pdf/menu04_2_h29_02.pdf

# 市区町村の窓口対応にお願いしたいこと

　市区町村の行政窓口は住民にとって身近な存在です。普段は行政手続のために赴くことがほとんどですが、わからないことや困ったときの相談窓口としても利用します。

　私は精神障害者で精神障害者福祉保健手帳や自立支援医療の手続のために窓口を利用しています。申請の際、職員の方が親身になって話を聞いてくれて、地域活動支援センターを紹介してくれました。

　私は、精神科クリニックには通院していましたが、ほかに所属しているところはなくほとんどの時間を自宅で過ごしていました。いわゆるひきこもり状態です。ひきこもり期間も長くなってしまい、もう限界かなという時に支援センターの情報を知ったことで変わるきっかけになりました。その後、支援センターへ行くまでには1か月ほど逡巡しましたが、思い切って行ってみました。それまではほとんどの時間を一人で過ごしてきた私にとって、同じような経験をした人との関わりを通して、ありのままの自分を徐々に受け入れられるようになっていきました。そして、病気や障害があっても何かやれそうだ、何とかなるんじゃないかとの思いに至りました。

　職員のちょっとした心遣いや地域資源の情報提供は、当事者にとっては大きな変化をもたらすこともあることを知っていただきたいと思います。

　現在、私は、ピアサポーター（障害当事者職員）として地域活動支援センターに勤務しています。そこで、支援センターを利用する障害当事者の皆さんに市区町村の行政窓口について話を聞きました。

---

① 親身になって話を聞いてくれる、面倒見がいい。

② 大きい市町村では来庁する人も多く待たされ、対応時間が短い。

③ 丁寧にわかりやすく説明してもらいたい。

④ こちらから聞かないと情報を教えてもらえない。申請主義だからかな。

⑤ 身近なので助けを求める、期待感がある。

⑥ 話をちゃんと聞いてくれる。

⑦ 職員が異動で変わったとき、自分のことをわかってもらえるか不安。

⑧ 偏見、差別の啓発をしてほしい。

⑨ 約束ごとを守ってくれるとうれしい。

---

　上記のような、様々な意見がありました。なかには、「幻聴の対処の仕方を教えてもらいたい」という方がいました。行政に相談することではないし、相談されても困るかもしれません。しかし、当事者からすると切実で何とかしたいという切羽詰まった気持ちで窓口を訪れることもあります。相談するところや相手を間違っているかもしれませんが、気付いていないこともあります。そのようなときでも、できる限り、ご本人の気持ちに寄り添っていただくことをお願いしたいと思います。その時の対応の仕方でその後の人生が変わってくることを私自身が実感しています。

# 第3章

知っておくべき
根拠法令と
用語の解説

# 1 業務の根拠となる法令

　社会福祉が国の責務であることは、最高法規としての日本国憲法に示され、様々な法律によって具体的な形を整え、支援を必要とする人々に届けられています。そこで、福祉六法、福祉八法のなかから、また、そこには含まれていない法律であっても、障害がある人の福祉にとって大切な働きをしている法律についても概観してみます。

　なお、生活保護法、児童福祉法、身体障害者福祉法、知的障害者福祉法、老人福祉法、母子及び寡婦福祉法を総称して「福祉六法」といいます。「福祉八法」とは老人保健法、児童福祉法、身体障害者福祉法、知的障害者福祉法、老人福祉法、母子及び寡婦福祉法、社会福祉法、社会福祉・医療事業団法を総称しています。

## （1）日本国憲法

　国が公衆衛生や福祉の増進に取り組むのは、日本国憲法の第25条第2項で社会福祉や社会保障、公衆衛生は国の責務としているからです。この第25条は「生存権規定」とされ、これに基づいて1950（昭和25）年に生活保護法が制定され、第2項に基づいて1951（昭和26）年に社会福祉事業法が制定されています。このように憲法第25条は障害福祉を含む社会福祉の土台となるものですが、その他に「基本的人権の保障」「幸福追求権」や「平等権」「教育を受ける権利」や「職業選択の自由」「結婚の自由」等を土台にして福祉を定める法律が作られています。

## （2）障害者基本法

障害者基本法は、障害者に関する個別の法律や制度についての基本的な考え方や基本原則を示しています。さらに、国がすすめるべき障害者施策の方向を示す基本法という役割ももっています。1970（昭和45）年に制定されたときは、心身障害者対策基本法といいました。それまでは各省庁が独自に障害者施策をすすめていたのですが、この法律ができたことで、障害者施策の方針、基本となる考え方が示され、それをもとに一体的に障害者施策をすすめることが可能になりました。そして、この法律は1993（平成5）年に障害者基本法に改正されました。この改正では1981（昭和56）年の国際障害者年で示された「障害者の完全参加と平等」という理念が反映され、障害者の中に精神障害者も明記されるようなりました。

## （3）身体障害者福祉法

1949（昭和24）年に制定された身体障害者福祉法は、身体障害者の自立と社会活動への参加を促すもので、身体障害者福祉法の別表等で障害の範囲や等級を示しているので、その範囲に含まれれば都道府県知事（又は政令指定都市長、中核市市長）から身体障害者手帳の交付を受けて、（身体障害者手帳で）認定された障害の等級に応じた福祉サービスを受けることができます。この障害の等級は1級～6級まであり、7級は交付の対象とはなりませんが、7級の障害が2つ以上重複した場合は1つ上の階級（6級）として交付されることなどが定められています。

**（4）知的障害者福祉法**

　知的障害者福祉法（旧：精神薄弱者福祉法）は、1960（昭和35）年に制定されました。1999（平成11）年4月から現在の法律名に改められています。知的障害のある児童から成人までの福祉を図ることを目的とし、当初は「生活支援」が中心でしたが、数度の改正によって、知的障害のある人の自立と社会参加を促進することを目的とするようになりました。

　しかし、この法律には「知的障害」についての定義がないうえに、知的障害者が福祉サービスを受ける際に使用する療育手帳は法律に定められていません。そのため、今も「療育手帳制度について（昭和48年9月27日厚生省発児第156号厚生事務次官通知）」に基づいて都道府県・政令指定都市ごとに要綱を作成し、知的障害の判定をし、交付は都道府県及び指定都市の長が行うようになっています。

 **（5）児童福祉法**

　2012（平成24）年、児童福祉法が改正され、障害児を対象としたサービス（障害児の通所サービスの利用や施設入所など）の根拠法令となりました。また、この改正により、障害児の定義に「精神に障害のある児童（発達障害者支援法第2第2項に規定する発達障害児を含む。）」が追加され、身体障害児と知的障害児に加えて発達障害児も障害児支援の対象として児童福祉法に位置付けられました。

## （6）精神保健福祉法（精神保健及び精神障害者福祉に関する法律）

　精神障害者に適切な医療・保護の機会を提供するために1950（昭和25）年に「精神衛生法」が成立し、精神障害者等の「私宅監置」は禁止されました。また、自傷他害のおそれのある精神障害者の措置入院、同意入院の制度ができ、精神衛生鑑定医制度もつくられました。その後、通院公費負担制度の創設、在宅精神障害者の訪問指導・相談事業を強化する改正が行われました。精神障害者の人権擁護を求める声の高まりのなかで、1987（昭和62）年には精神保健法へ、さらに1995（平成7）年に精神障害者保健福祉手帳制度が創設され、精神障害者の社会復帰の促進を図ること等を内容とする改正が行われ、精神保健福祉法（精神保健及び精神障害者福祉に関する法律）へと改められました。

## （7）発達障害者支援法

　発達障害は、障害としての認識が一般的ではなかったことから、支援が十分に行われていませんでした。そこで発達障害のある人に対する支援等について定めた発達障害者支援法が2004（平成16）年に成立し、翌2005（平成17）年4月から施行されました。2018（平成30）年には基本理念を新たに加え、発達障害者の教育、就労、地域における生活等に関する支援、権利利益の擁護、司法手続における配慮、発達障害者の家族等の支援を強化する改正が行われました。

## （8）障害者虐待防止法（障害者虐待の防止、障害者の養護者に対する支援に関する法律）

　障害者の尊厳を著しく害する虐待の防止が重要であることから、障

害者虐待の防止と、障害者の養護者に対する支援を推進するために、2011（平成23）年6月に成立し、翌年10月1日に施行されたのが障害者虐待防止法です。国や地方公共団体、障害者福祉施設従事者や使用者等に、障害者虐待の防止等のための責務を課し、障害者虐待を受けたと思われる障害者を発見した人には通報義務を課しています。このことは、虐待の疑いの段階で通報義務があることを示しています。

## （9）障害者差別解消法（障害を理由とする差別の解消の推進に関する法律）

2006（平成18）年に国連で、障害者の人権及び基本的自由の享有を確保し、障害者の固有の尊厳の尊重を促進するための「障害者の権利に関する条約」が採択されました。日本は2017（平成19）年に同条約に署名し、批准のために必要となった国内法の整備の一環として制定したのが障害者差別解消法です。すべての国民が、障害の有無によって分け隔てられることなく、相互に人格と個性を尊重しながら共生していける社会の実現に向かうことが示され、障害を理由とする差別の解消を図ることを目的とし、2013（平成25）年6月に制定され、2016（平成28）年4月1日から施行されました。

## （10）障害者総合支援法（障害者の日常生活及び社会生活を総合的に支援するための法律）

最後を締めくくるのは、障害者総合支援法です。この法律のルーツは2005（平成17）年10月に成立し、翌年4月1日から施行された障害者自立支援法です。

これまでの施設を中心とした福祉体系を大きく見直し、障害者の地域生活への移行や就労支援といった事業の創設や、市区町村を基本と

した身体障害、知的障害、精神障害の３障害を一元化したサービスの提供などが定められていました。また、サービス利用決定に至る過程や障害程度区分の設定、市町村審査会の設置なども細かく定められ、福祉サービスを利用する障害者は、その利用量に応じて自己負担が求められました。

　しかし、障がい者制度改革推進本部等での検討を踏まえて、目的が「障害者及び障害児が基本的人権を享有する個人としての尊厳にふさわしい日常生活又は社会生活を営むことができるよう、必要な障害福祉サービスに係る給付、地域生活支援事業その他の支援を総合的に」行うと改正されました。さらに障害者自立支援法には無かった「基本理念」も追加され、「制度の谷間」を埋めるために障害者の範囲に難病等を加えた障害者総合支援法は2012（平成24）年６月に成立・公布され、翌2013（平成25）年４月１日に施行されました。

　そのほかに社会福祉全般における共通的な事項を定めた社会福祉法（2000（平成12）年に社会福祉事業法を改正したもの）、障害者の雇用義務等に基づく雇用を促進し、障害者を含むすべての労働者にとっても働きやすい場を作ることを目指す障害者雇用促進法（障害者の雇用の促進等に関する法律）、障害者就労施設等が供給する物品等の調達、需要の拡大を図る障害者優先調達推進法、公共施設・交通機関、スーパー・飲食店・ホテル・病院や職場への盲導犬等の補助犬の同伴の受け入れを義務付ける身体障害者補助犬法、病院やデパート等の不特定かつ多数の人が利用する建物や鉄道やバスなどの公共交通機関のバリアフリー化を定めた「バリアフリー新法」（高齢者、障害者等の移動等の円滑化の促進に関する法律）等もあり、障害者の社会参加の促進や暮らしのなかでアクセシビリティを高める仕組みづくりが進められています。

# 2　用語解説

## （1）あ行

### アウトリーチ

　支援が必要な人のところに医療や福祉の関係者が直接出向いて支援に取り組むことです。

### アクセシビリティ

　日本で用いられる「バリアフリー」に近く、施設・設備や福祉サービス、情報、制度等への近づきやすさや利用しやすさを表現する言葉です。

### アセスメント

　直面している問題や状況、原因、経過、予後を客観的に理解・評価し、必要な支援やサービスを探るために、支援に先立って行われる一連の手続をいいます。

### 意識障害

　意識障害には意識の深さの障害と意識の広がりの障害があります。
　「意識がはっきりしない」「意識レベルが低い」などで表現されますが、それらは物事を正しく判断したり、刺激に対して適切に反応できないことを示しています。例えば、「目が覚めていて、自分がだれで、どこで、何をしているのか」がわかることを「清明」といいますが、完全にわからない「昏睡」、清明度の大部分が低下してわからない「意

識混濁」があります。

前述した深さの障害により思考力、注意力、判断力といった意識の広がりも共に連続的に低下していくこともあります。

### 意思疎通支援

障害のある人とない人の意思疎通を支援する事業の総称です。聴覚障害がある人との手話通訳や要約筆記、盲ろう者との触手話や指点字、視覚障害がある人との代読・代筆、失語症がある人との要点筆記などがあります。

### インクルージョン

「包容」「包摂」と訳される言葉で、障害者権利条約では障害のある人の「社会への完全かつ効果的な参加および包容」が一般原則として掲げられています。

### オストメイト

病気や事故等により、腹部に排泄のためのストーマ（人工肛門・人工膀胱）を造設した人のことをいいます。排泄物の処理、ストーマ装具の交換・装着、使用済装具の洗浄が行える多機能トイレの整備が進んでいます。

 **（2）か行**

### 患者調査

病院及び診療所を利用する患者について、その属性、入院・来院時の状況及び傷病名等の実態、地域別患者数を推計することにより、医

療行政の基礎資料を得ることを目的として、3年に1回、厚生労働省が実施している基幹統計の一つです。

## 感情・気分の障害

　感情・気分の障害は感情・気分の「量」の障害と「調節」障害があります。「量」の障害には躁状態の高揚、うつ状態の落ち込み、漠然とした不安など、「調節」障害には感情が抑えられない感情失禁や気分が変動しやすいといった感情気分のコントロールの障害があります。

## 記憶障害

　記憶障害とは、脳内に保存し、再生する機能など記憶に関する障害の総称をいいます。

　記憶の四要素である記銘（覚える）、保持（覚えておく）、追想（思い出す）、再認に困難を生じることをいいます。知的機能の低下と重複して生じる場合が多くあります。記憶に障害が生じるとき、一般的に過去の記憶「長期記憶」より至近の記憶「短期記憶」が障害されやすいという特徴があります。記憶障害を表す用語でよくつかわれるのが「健忘」で、思い出すことができない状態を示す言葉です。

## 基幹相談支援センター

　地域における相談支援の中核的な役割を担う機関。総合的・専門的な相談支援、地域の相談支援体制の強化、地域移行・地域定着の促進、相談支援事業者間の連絡調整、関係機関との連携の支援も行います。市区町村による直営も社会福祉法人等への委託も可能です。

## 気分安定薬

　気分安定薬は、極端な気分の落ち込みなど気分の変動を抑えて安定させるために使用される薬物です。主に双極性障害の方に用いられますが、統合失調症、うつ病、パーソナリティ障害の方などに対して、気分の変動を予防するために投与されます。

## 共依存

　自分と特定の相手が互いに過剰に依存し合い、その関係性にとらわれている状態をいいます。例えばアルコール依存症の夫に対して、妻が自らの価値を放棄し、献身的に世話をし、夫に自己の価値を認めてもらうことで互いに依存する。結果的に依存症を助長させてしまっているといった夫婦関係に対して、「共依存関係にある夫婦」と表現されることがあります。妻のように献身的に依存期待に応える人、しりぬぐいする人をイネイブラーと呼びます。支援者が対象者との共依存を指摘されることもあります。支援者の共依存とは、他者に必要とされることで、自分の存在意義を見い出し、無意識に相手に望まれてもいないのに、「私がいなくては、この人はダメ」など、先読みして期待に応えようとするような関係性を言います。

## 共生型サービス

　同一の事業所で介護保険と障害福祉サービスを一体的に提供し、高齢者と障害児者が同一事業所で同時にサービスを受けやすくするための取組で、介護保険と障害福祉の両方の制度に位置付けられています。

## 強度行動障害

　何度も繰り返される激しい他害・自傷、特定の行為、睡眠リズムの

乱れ、多動等の行動が、通常では考えられない頻度や形式でみられ、日常生活に困難を生じている状態をいいます。

## クロザピン

　「治療抵抗性統合失調症」に有効な治療薬です。治療抵抗性統合失調症とは、十分量の抗精神病薬とを2種類以上規則正しく4週間以上服用しても、幻覚や妄想などの症状が続いたり、改善が見られない統合失調症のことをいいます。（統合失調症薬物治療ガイドライン　日本神経精神薬理学会（編集）医学書院2016年）

　クロザピン治療は、クロザリル患者モニタリングサービス（略称：CPMS）に登録された医療機関で行われます。

## 権利擁護

　障害や認知症によって自らの権利や援助のニーズを表明できない人の権利を守るために、援助者がその権利やニーズの確保を支援することをいいます。その支援を「アドボカシー」ともいい、成年後見制度も支援の一つです。

## 抗うつ薬

　抗うつ薬は、抑うつ気分、意欲低下、不安・焦燥、不眠、食欲低下などの抑うつ症状に有効な治療薬です。

　抗うつ薬は、1回服用量を少量から始め、徐々に増量していくため、効果が出てくるまでに時間がかかる点が特徴です。場合により10日〜数週間、1か月かかることもある点を特徴として押さえておいてください。

## 高次脳機能障害

　事故等による頭部外傷で脳が損傷されたことにより、言語コミュニケーション、注意・記憶、感情の制御等に困難が生じ、日常生活や社会生活が困難になっている状態をいいます。

## 抗精神病薬

　抗精神病薬は、統合失調症の陽性症状である幻覚、妄想、精神運動興奮等の精神病症状に有効な定型抗精神病薬と陽性症状と共に感情が鈍くなる、意欲がわかない、集中力・持続力の低下など陰性症状に対しても有効な非定型系抗精神病薬があります。

　非定型抗精神病薬は、統合失調症の方の第1選択薬として、非定型抗精神病薬は、双極性障害、うつ病、時には老年期精神障害の方にも処方されることがあります。

## 更生相談所

　補装具の処方や適合判定、更生医療の判定のほか、市区町村に対する必要な助言、援助を行う施設で、都道府県及び指定都市に設置されます。

## 抗てんかん薬

　てんかん発作は、脳の情報伝達機能が過剰になると神経細胞が刺激され起きます。細胞内情報伝達をコントロールするため抗てんかん薬が投与されます。抗てんかん薬は発作の種類により単剤又は2、3種類の薬剤により併用治療されます。約8割の患者が抗てんかん薬と規則正しい生活によりてんかん発作がコントロールできています。そのため長期の服用が必要となります。

## 抗不安薬

　抗不安薬は、不安感の強さ、不安から引き起こされる頭痛、手の震え、緊張感からくる強い筋緊張、不眠、興奮、焦燥感などの軽減に用いられる治療薬です。また身体疾患治療・療養での苦痛を和らげるため、内科等でも処方されることがあります。薬物に対する「耐性」や「依存」を生じやすい点が注意点です。

## 合理的配慮

　障害のある人が障害のない人と同じ権利を行使できるよう、一人ひとりの特徴や場面に応じて発生する障害・困難さなどの社会的障壁を取り除くために必要な調整や変更のことを合理的配慮といいます。

## 💬 （3）さ行

### サービス等利用計画

　障害のある人の心身の状況や環境、本人の家族の意向によって、利用する障害福祉サービス等の内容、利用の回数などを定めた計画です。本人や家族が作成する「セルフプラン」もありますが、市区町村が障害福祉サービスの支給決定を行う際に必要なもので、通常は指定特定相談支援事業者が作成します。その作成は、計画相談支援のなかのもっとも大切な仕事といえます。

### 思考障害

　思考障害とは、思考過程の異常と思考内容の異常に分類されます。思考過程の異常は、考える道筋や脈絡に異常がみられます。思考内容の異常は、妄想にみられる了解不能な、不合理な思考の表れです。

## 自殺

　自殺は、自らの意志で自らの生命を絶つ行為をいいます。自殺企図は自殺を企てたことを示します。その結果として自殺を実行して失敗した場合は「自殺未遂」、自殺を実行して結果的に死に至った場合を「自殺既遂」といいます。「希死念慮」は、なんとなく死ぬことを考えるのでなく「死ななくてはいけない」と思いこんだり、死ぬことが頭から離れない状態を指します。多くは精神症状が背景にあり素人的に対処するのは危険が伴います。

## 自傷行為

　自傷行為は、死ぬために行うものではなく、感情からの解放、苦しみからの解放のために行う行為です。意識的の場合も無意識の場合もあります。その行為を繰り返し、依存するようになります。結果的に自殺に移行する例も多く存在します。例としては、リストカット、針刺し、過剰に薬を飲む、やけどをわざと作るなどがあります。

## 失語症者向け意思疎通支援者

　失語症のある人との会話や、会議、外出、各種の手続などの場面で、コミュニケーションの橋渡しを行う支援者のことです。

## 指定管理者制度

　公の施設の管理を、その施設に関するノウハウを持つ民間の事業者に任せ、サービスの向上と経費の削減を図る制度です。

## 児童発達支援センター

　障害がある子どもや保護者の支援を行う、通所の事業所をいいます。

## 就労継続支援A型事業

　一般就労が難しいとされる障害がある人に対し、雇用契約に基づく就労の機会を提供し、一般就労に必要な知識や能力を高め、一般就労への移行を支援します。利用については、市区町村の支給決定が必要です。

## 就労継続支援B型事業

　一般就労が難しいとされる障害がある人に対し、雇用契約に基づかない就労や活動の機会を提供し、生産活動やその他の活動に必要な能力の向上、その他の支援を行います。利用については、市区町村の支給決定が必要です。

## 手話通訳

　聴覚障害がある人との会話、事務手続等の場面でコミュニケーションを、手話を使って支援すること。

## 障害支援区分

　障害の状態に応じて必要とされる支援の度合いを示すもので、市区町村が障害福祉サービスの種類や量を決定する際に参考にしています。

## 職場適応援助者（ジョブコーチ）

　障害がある人が実際に働く職場で、障害者への職務の遂行や職場内のコミュニケーション等の支援や、事業主に障害特性に配慮した雇用管理等についてのアドバイスを行います。

## 自立支援協議会

　地域における障害のある人の支援体制の課題についての情報共有、関係機関の連携、地域の実情に応じた体制の整備等について協議を行い、地域のサービス基盤の整備を進めていく役割を担っています。都道府県や市区町村に設置され、関係機関、障害当事者、家族等で構成され、名称には「自立支援」という名称を付けないことも可能になっていますが、以前からの名称をそのまま使用しているところも多くあります。

## 睡眠薬

　睡眠薬は、不眠状態の解消や入眠の手助けが目的で投与される薬物です。不眠症だけでなく、様々な精神疾患により表れる睡眠障害に対して処方されます。

　睡眠薬の使用においては薬を急に中止したり減薬すると、服薬し始める前よりも強い不眠や睡眠障害が表れる「反跳現象」が起こることがあり、中止、減薬は主治医の指示に基づくことが重要です。

## 成年後見制度

　障害によって判断能力が不十分な人の財産管理や契約などを、家庭裁判所が選任した成年後見人等が本人に代わって行う制度です。制度を利用するときは、本人、配偶者、四親等内の親族が家庭裁判所に申し出ることが必要ですが、身寄りが無い人の場合は市区町村長が申立てを行います。

## 相談支援専門員

　計画相談を行う事業所には配置が義務付けられている職員で、サー

ビス等利用計画を作成し、その後はモニタリングを行います。介護保険におけるケアマネジャーに相当する機能を果たしています。

## （4）た行

### 短期入所

　自宅で障害のある人の介護を担っている人が病気等の理由で介護を行うことができなくなったとき、介護者の休息（レスパイト）のために、障害のある人を障害者支援施設等に短期間、入所してもらうことで、「ショートスティ」ということもあります。

### 地域移行支援型ホーム

　長期間入院している精神障害者のうち、退院後の生活に不安があって地域生活に移行できない人に、一定期間、外部の日中活動サービス等を利用しながら退院後の生活に慣れる機会を提供する医療機関の敷地内に設置されたグループホームのことをいいます。

### 地域活動支援センター

　地域生活支援事業の一つで、障害がある人に創作的活動や生産活動の機会を提供し、社会との交流の促進等をすすめる通所施設です。市区町村が地域の実情に応じて柔軟に設置することができます。

### 地域生活支援事業

　障害者総合支援法に基づき、障害のある人が日常生活や社会生活を営むことができるように、市区町村及び都道府県が、その地域の実情に応じて提供するサービスで、介護給付や訓練等給付と異なり、自治

体の判断で柔軟に実施することができます。市区町村が実施するもの
は、障害福祉に関する理解促進研修や啓発事業、相談支援事業、成年
後見制度利用支援事業、意思疎通支援事業、日常生活用具給付等事業
等があります。

## 知覚障害

　知覚とは、感覚と類似するものですが、外界の情報を生態が感覚器
として受け入れ認識する過程のことを言います。知覚障害はわかりや
すく言えば視覚、聴覚、嗅覚、味覚、触覚など感覚が脳内で処理され、
認識される処理過程で異常が生じていることを示しています。幻覚や
幻聴、幻臭、幻味や体感幻覚などが例として挙げられます。

## デフリンピック

　4年に一度開催される聴覚障害者のスポーツの世界大会で、夏季大
会と冬季大会があります。

## デポ剤

　デポ剤は統合失調症の方に対する持続性注射薬剤の一種です。1回
の筋肉への注射により、薬剤を体内に蓄積させます。薬効成分が少し
ずつ体内に溶け出す製造がされているため時間をかけて血中に移行し
ていき効果を継続させます。服薬を中断しやすい人、体内に安定的薬
剤を蓄積させる必要がある人、就労している人など人前で服薬するこ
とでストレスを感じている人に有効です。

## 点訳奉仕員

　奉仕員養成講座等を受講し、文書や市販の図書等を点訳し、点字の

文書や図書を作成する役割を果たす人のことです。

## （5）な行

### 内部障害

　身体障害のうち、心臓、腎臓、呼吸器、肝臓、ぼうこう、直腸、小腸、免疫の機能障害のことをいい、外見からはわかりにくいが、周囲の理解と配慮が必要な障害です。

### 内方線付き点字ブロック

　視覚に障害がある人の駅ホームからの転落事故を防ぐため、ホームにある点状突起に加え、ホームの内側を示す棒状突起（内方線）がある点字ブロックのことです。

### 日常生活自立支援事業

　障害等によって判断能力が不十分な人に対して、生活支援員を派遣して日常的な金銭管理や福祉サービスの利用援助を行う事業で、社会福祉協議会が実施しています。

### ノーマライゼーション

　障害の有無にかかわりなく、誰もが同等に生活し、いきいきと活動できる共生社会こそがノーマルな社会で、このような社会を実現するための生活環境等の改善が必要だとする考え方です。

# （6）は行

## 発達障害

　脳の機能の偏りによる障害で、極端な得意・不得意があることや、環境や周囲の人との関係を作りにくいといった特性があることで、日常生活や社会生活に困難が発生しやすく、その困難さは十人十色です。

## 発達障害者支援センター

　発達障害がある人や家族の支援のために、発達障害者支援法に基づいて設置された支援拠点です。関係者の研修や、関係機関等の連携による支援体制づくりの役割も担っています。

## バリアフリー

　障害がある人や高齢者など心身の機能が低下した人の日常生活や社会参加に障壁（バリア）となっているものをとりのぞいていこうとする方法や考え方をさします。バリアには段差や広さなどの物理的バリア、必要な情報が容易に入手できない情報のバリア、人々の偏見や誤解などからくる心理的バリア、法律や制度により障害のある人たちの参加や機会を制限する社会・制度的バリアがあるとされています。

## ピアサポート

　「ピア」とは仲間のことで、訳すと「仲間同士の支え合い」となり、障害がある人が自らの体験に基づいて、他の障害がある人の相談相手となって支援したり、問題の解決を行なったりすることをいいます。

## 避難行動要支援者

　高齢者や要介護認定者、重度の障害者、難病患者等のうち、災害が発生し、又は災害が発生するおそれがある場合に自ら避難することが困難で、支援を要する人のことをいいます。

## 病感

　病感は、病識はないが何か違和感を感じるなどの自覚がある場合に「病感がある」と表現されます。病識を追及するのでなく、病感を丁寧にとらえ共有することで支援につなげていきます。

## 病識

　一般的に「自分が病気であるということの認識」と理解がされていますが、精神科医療では、幻覚や妄想などの体験が病気の世界のことなのか、現実のことなのかを区別することができるかどうかで、「病識」が有る、無しと使われることがあります。

## 不穏

　患者が険悪な状態であったり、状態が不安定な場合、再燃、再発のサインが現れるなど危機をはらんでいるときに表現される言葉です。より注意が必要な状態をしめします。

## 福祉避難所

　市区町村が災害時に、一般の避難所での生活が困難で、医療や介護等の支援が必要な人を受け入れる避難所のことをいいます。一般的には社会福祉施設が指定されています。

## ペアレントトレーニング

　保護者が子どもとのより良いかかわり方や、問題が発生した場面での適切な態度等を学びながら、日常の子育ての困りごとが解消できるように支援する保護者向けのプログラムです。

## 保育所等訪問支援

　障害のある子どもが集団生活をおくっている施設を訪問し、その施設における他の子どもとの集団生活への適応のために専門的な支援、相談を行います。児童福祉法に基づくサービスで、相談支援専門員に児童発達支援計画案を作成してもらい、市区町村の支給決定を受けることが必要です。

## 放課後児童クラブ

　かつては「学童保育」といわれていましたが、児童福祉法における名称は「放課後児童健全育成事業」となっています。主に共働き家庭の小学生等に遊びや生活の場を学校の空き教室や専用施設で提供します。

## 放課後等デイサービス

　障害がある6〜18歳までの子どもに対し、学校の授業終了後や休日に生活能力の向上や、居場所としての機能が施設において提供されます。児童福祉法に基づくサービスなので、相談支援専門員に児童発達支援計画案を作成してもらい、市区町村の支給決定を受けることが必要です。

## （7）ま行

### メール110番

　聴覚障害がある人や言語機能に障害がある人が携帯電話やパソコンを使って110番通報を行う仕組みです。

### メール119番

　聴覚障害がある人や言語機能に障害がある人が携帯電話やパソコンを使って119番通報を行う仕組みです。

### 盲ろう者向け通訳

　視覚と聴覚の両方に障害がある人とのコミュニケーション方法です。それぞれの障害の程度、発症時期、他の障害との重複の在り方によって方法は多様で、触手話や指点字や、それらを応用した方法が使われています。

## （8）や行

### ユニバーサルデザイン

　年齢や性別、障害の有無といった人々の違いを超えて、できるだけ多くの人が利用しやすい、あるいは配慮した環境や建物、施設、遊具、製品をデザインしていこうとする考え方です。

### 要約筆記

　中途失聴の人向けの意思疎通支援の方法で、話し手の話す内容を要約して筆記し、伝える方法です。以前は手書きしたものを、ＯＨＰを

使ってスクリーンに投影する方法が主流でしたが、今はＰＣを使って作成した画面をプロジェクターで投影する方法も用いられています。

 **（9）ら行**

### ライフサポートファイル

　節目ごとで支援の担い手が変わっても、障害がある子どもたちの情報や、支援内容、学校等の関係機関が作成した支援計画等を一冊のファイルにまとめ、途切れることなく、次に支援の担い手に伝えていくための情報伝達ツールのことをいいます。

### レスパイト

　障害がある人の家族を、一時的に介護から解放することで、日頃の心身の疲れを癒し、休息してもらうことを目的としています。

### 朗読奉仕員

　定められた講習を受けて朗読の技術を習得し、視覚障害がある人のために図書の朗読を行う者のことです。

## おわりに　〜障害福祉関係部署に配属された皆さんへ〜

　障害のある人への行政サービスに携わることはとても刺激的で楽しい経験です。障害のある人から学ぶことは多くあり、むしろ学ぶことばかりと言えます。障害が様々であるように、国や自治体による障害者施策やサービスは多岐にわたりますし、サービスに対するニーズもその人その人で異なり、時に公平なサービスとは何かと考えてしまうこともあるかもしれません。障害のある人のニーズに応えようと思っても、地域にある社会資源の量が不足していてサービスを整えられないこともあると思います。一方で、障害のある人の社会参加が進み、昨今のパラアスリートたちの活躍のみならず、これまでは家族と同居が当たり前とされてきた重度の身体障害を抱える人が一人暮らしをする、など、今や障害のある人は多様な生き方を望み、そして選び取っています。それに伴い、地域生活を支えるサービスは多く創出されてきていますが、限られた資源の中でやりくりをしながら、また障害のある人の生活や生き方を支えていくための必要なサービスや事業を提案していくことも求められます。

　実際の職場では新たなサービスに対する知識を身につけ、情報を更新していくことが必要です。例えば、かつて精神障害のある人が住まいを確保しようとしたとき、症状がもたらした対人関係のトラブルから保証人が見つからず、地域で自立した生活を望んでも医療・福祉施設で生活するしかありませんでした。それでも地域で住まいを確保しようとした場合、病院で知り合った患者同士で保証人になったり、医療・福祉施設の職員が保証人になったりした時代がありました。本書でも紹介しましたが、今は高齢者居住確保法の中に障害のある人の住まいの確保、居住継続のための支援が定められ、住まいの確保の障壁

の除去に向かって制度が整えられつつあります。このような施策や制度、事業などの知識や最新情報は自治体職員であれば当然に求められるものです。国の動きや近隣自治体の動向にも関心を持ち、障害のある人やその支援者との丁寧なやりとりの中からさらに新たなサービスを模索・創出していっていただきたいと思っています。

　加えて、制度やサービスを利用していない障害のある人への目配りも忘れないでいただきたいと思います。自治体の担当部署にアクセスしていない人は、そもそも制度等の情報が無くてアクセスしてこないのか、情報があっても障害のためにアクセスできずにいるのか、ということに想いをめぐらせることも必要です。

　そして最後に、障害のある人の人格を尊重して業務にあたってください。最近は改善されましたが、介助者と一緒に来た障害のある人に対して、ご本人ではなく介助者に声をかける、説明するということがありました。まずはご本人に声をかけ、聞き、説明してください。すべての介助者がご本人の意向を理解しているわけではありませんし、そもそも私たちが自分の希望や意見について、たとえ家族であっても代弁されて、それが私の意見だとされてしまったとしたら、自分の意見、ひいては人格を無視された、尊厳を奪われたと思うはずです。相談に来た人の人格を尊重し、思い込みを捨て、丁寧に、柔軟に対応することです。それが、障害のある人をいっそう理解し、またニーズに応える支援を可能にするはずです。それぞれの障害の特性を理解しながら、障害のある人とかかわることはさらなる理解につながり、自分の世界を広げることにもなります。障害関係部署に配属されたことは、公務員としても、また人としても成長する機会だととらえ、障害のある人、家族、支援者、そして住民の方々と関わってください。本書が少しでもお役に立てますよう、願ってやみません。

## 編著者略歴

**小板橋　恵美子**（東邦大学健康科学部看護学科教授）

保健師として埼玉県所沢保健所、埼玉県立精神保健総合センター勤務後、2008年日本女子大学家政学部住居学科助教、2009年東京大学大学院工学系研究科先端学際工学専攻博士号（学術）取得、2011年淑徳大学看護栄養学部講師、准教授を経て2020年より現職。

**吉田　浩滋**（元鎌ケ谷市障がい福祉課長・淑徳大学総合福祉学部非常勤講師）

鎌ケ谷市障がい福祉課長、国際医療福祉大学成田保健医療学部准教授を経て、現在淑徳大学総合福祉学部非常勤講師、都立板橋看護専門学校非常勤講師を務める。

シリーズ　今日から福祉職
# 押さえておきたい障害者福祉・精神保健福祉

令和4年6月30日　第1刷発行

編　著　　小板橋　恵美子・吉田　浩滋

発　行　　株式会社 **ぎょうせい**

〒136-8575　東京都江東区新木場1-18-11
URL：https://gyosei.jp

フリーコール　0120-953-431
ぎょうせい　お問い合わせ｜検索｜ https://gyosei.jp/inquiry/

〈検印省略〉

印刷　ぎょうせいデジタル株式会社　　　　©2022 Printed in Japan
※乱丁・落丁本はお取り替えいたします。

ISBN978-4-324-11006-5
(5108719-00-000)
〔略号：シリーズ福祉（障害者福祉）〕